光文社古典新訳文庫

いまこそ、希望を

サルトル×レヴィ

海老坂武訳

kobunsha classics

JN166613

光文社

目次

はじめに——人類存続の決意

二〇一一年三月、私は多くの日本人と同じように、毎日、福島での原発事故のニュースを追っていました。地震と津波が生み出した惨禍についても、もちろん無関心ではありえませんでしたが、原発事故のほうはこれから何が起こるかわからない、という臨場感があるために、こちらのほうにどうしても関心が集中したようです。

そのとき、私は昔読んだサルトルのある文章を思い出しました。「大戦の終末」という文章で、一九四五年八月二十日に書かれたものです。この短いエッセーの流れを簡単に記すとこうです。

第二次大戦は終了した、しかし完全に終わったのか。世界の情勢を眺めるとどうもそうではない、戦争は終わったが、平和が始まったとは言えない、いま二人の巨人がにらみ合っている、次の戦争はどうなるか、一発で十万人を殺す爆弾ができて、地球を破滅させるかもしれない——こう述べたあとに次のように続けます。
「今や我々は、この〈世界終末の年《ランミル》（L'An Mil）〉へ戻ってしまったのであり、朝起きる度毎に、時代の終焉の前日にいることになるであろう（——）神が死んでしまった後に、今や人間の死が予告されているのだ。今後は、私の自由は、さらに純粋になり、今日私がする行為に対して、神も人間もその永劫の証人とはならないだろう。今日という日に、また永劫に、私は、私自身の証人にならねばならぬのだ（——）そして、全人類も、もしもそれが生存し続けて行くものとすれば、それは単に生まれてきたからという理由からそうなるのではなしに、その生命を存続せしめる決意を樹てるが故に、存続し得られるということになろう。もはや、人類というものはない。原子爆弾の監視者となった共同体は生物界の上にある。なぜならば、生物界の生と死との責任を持つにいたっているからだ」（渡辺一夫訳『シチュアシオンⅢ』）
　原子爆弾の監視者となった共同体……そのとおりではないでしょうか。どうしてそうでないわけがありましょう。そしていま私たちは、原子爆弾だけでなく原発の監視者としての共同体となっている……。
　多くの識者が二〇一一年を文明の転換点として捉えており、私もまた同感です。ただそのことが意味するのは、私にとってはなによりも、人類の未来が人類共同体の意思にかかわっている、ということが本当に明らかになったというその一点においてです。これを文明の転換点と言わずに、何と言うのでしょう。

この文章を初めて読んだのは一九五五年、大学の二年のときでした。ただそのとき私はサルトルの文章を受け身に読み、受け身に記憶していたに違いない。原爆を投下された被爆国の人間であるにもかかわらずです。いや、被爆国の人間であるがゆえに受け身に読んでしまったのかもしれません。実際、私はこのサルトルの文章を長い間なおざりにしていました。

もう一つ、こういうことがあります。日本は原爆を所有していない。「原子爆弾の監視者」といっても爆弾を持っているのは大国であって、こちらから出来るのは、遠いところから「原爆許すまじ」と叫ぶことだけで、その分、責任意識がうすくなっていた。サルトルの文章を受け身に読んでいた、というのはそういうことです。

しかし今回は違います。今回は日本人は単なる犠牲者ではない。それが微細であるにせよ、放射性物質を空と海とにまき散らし、世界への加害者となっている、今後も原発を維持し続けることによって、また原発を輸出することによって、将来人類のとてつもない加害者になる可能性を否定できない。そうであればこそ、この文章を重い言葉として受け止めることができたのです。

解説2に詳しく記してありますが、ジャン＝ポール・サルトルの死をラジオで知ったのは一九八〇年四月十六日の朝、まさしくこの『いまこそ、希望を』（初出では『いま 希望とは』）の翻訳を終えたときでした。次の日の日本の新聞は、いずれも一面でこの大作家の死を報じています。しかしフランスの新聞の扱いはけたはずれで、いずれも四ページ以上の紙面をさいて、彼の生涯について、彼の著作についての解説と、彼の死をいたむ人々の声を載せていました。

それよりも驚いたのは、次の日でしたか、葬儀の日に、パリでなんと五万人の人々が病院からモンパルナスの墓地まで遺体が運ばれる沿道に並び、最後の別れを告げたという記事、そしてそのあとあちこちのカフェで、人々がサルトルについて果てしなく論じ合っていたという記事です。これは一体どういうことなのか。

たしかにサルトルは数多くの文学作品、哲学作品を生み出し、どの作品も二十世紀フランスの文学、思想の歴史に大きな足跡を印しています。しかし、この日人々が想いを寄せていたのは、数々の作品の作者サルトルというよりも、もう一人のサルトル、同時代の人々が、「この問題について、あの人はどう考えているだろうか」と問いかけ、自分が答えを出すためのかけがいのない対話相手としてのサルトルだったのではないか。

じっさいサルトルは、インドシナ戦争、朝鮮戦争、原水爆実験、ソ連の強制収容所、アルジェリア戦争、ハンガリー動乱、アラブ－イスラエル紛争、プラハの春、ヴェトナム戦争、五月革命、ボートピープル……二十世紀の歴史、戦争と革命と植民地解放の世紀の歴史を引き裂くこれらの出来事に対して、常に旗幟を鮮明にしてきました。

もちろん、今日の観点からするなら、サルトルの発言や取った立場がすべて正しかったとは言えない。とりわけソ連の社会主義にたいして抱いていた期待は、いまの時点から見ると幻想と言われても仕方がないでしょう。ただ、彼は時代の傍観者になることだけはしなかった。サルトルが取った立場に賛成するにせよ、反対するにせよ、人々は彼を自分の考えを作り出すための参照軸としてきたのではないか……

世紀は、新しいページをめくって十九年になります。二十世紀の大知識人サルトルは、もはや過去の人なのでしょうか。私にはそうは思われません。原子爆弾や原発といった問題に限りません。「自分とは何か」「他人とは何か」「仕事とは何か」「自由とは何か」「失敗をどう考えるか」「未来にいかなる希望があるのか」「人間の疎外とは何か」「民主主義とは何か」等々、人生を歩んでいくなかで、社会を考えていくなかで、誰でも立ち止まって考えるときがあるでしょう。そんなとき、サルトルは確実な対話相手となりうる、そんなふうに考え、このテキストを訳し直し、解説を書き加えました。

二〇一八年八月

解説Ⅰ　朝日ジャーナル初出時の「まえがき」

以下に訳出したサルトル・レヴィの対談は、フランスの週刊誌『ル・ヌーヴェル・オプセルヴァトゥール』に一九八〇年三月、三回にわたって連載されたものである。創刊号（一九六四年一月一九日号）の第一面にサルトルへのインタビューを掲げて発足した同誌は、以後何回か彼の重要な発言を掲載してきているが、今回はおそらく、同誌の八〇〇号を記念してサルトルの参加を求めたのであろう。翻訳原稿にして約一五〇枚の大部のものであり、内容的にも、まもなく七五歳になろうとするサルトルが、さらにこの先、何を考え、どう生きようとしているのかをのぞかせている、奥行きのある対談といえる。

対談の相手のベニイ・レヴィは、ここで初めて覆面をぬいでユダヤ人姓を名乗ったわけだが、これまではピエール・ヴィクトールの名で知られてきた、もと毛派《マオ》の活動家である。現在サルトルのもっとも親しい友人とのこと。

簡単にその経歴を振り返ると、一九四五年エジプト生まれ。六八年五月以前にも活動家歴を持つが、六九年、毛沢東主義の影響を強く受けながら、プロレタリア左派と呼ばれる戦闘的な組織を結成して以後、毛派の指導者とみなされてきた。この組織の機関誌が、日本にもときどき紹介された『人民の大義《ラ・コーズ・デュ・プープル》』誌である。

このグループは各地の工場内に浸透し、サボタージュ、ゲリラストを起動する一方、無賃乗車、経営者の監禁を含めてさまざまな形での実力闘争を呼びかけたために、『人民の大義』誌は毎号のように発禁処分を受け、編集長が次々に逮捕されていった。その弾圧をかわすために、一九七〇年四月、編集長役が〈大知識人〉であるサルトルに依頼され、彼がこれを引き受けたところから、毛派とサルトルとのつきあいが始まったのである。

そして以後、街頭に、工場に、炭鉱に、また新左翼の日刊紙『リベラシオン』の創設を目指す準備集会に、毛派とともに行動するサルトルの姿がひんぱんに見られるようになった。ヴィクトールとサルトルの個人的友情も、こうしたかかわりの中から育まれていったのであろう。七四年に二人は、ジャーナリストのガヴィをまじえて討論記録『反逆は正しい』をすでに発表している。

しかし、両者の対談の雰囲気ないしは口調を理解する上で重要なことは、ここ数年来、ヴィクトールがサルトルの思考のパートナーとなり、サルトルの側から見るなら、いわばその活性剤的役割を果たしているということであろう。

サルトルは、七四年以降失明状態のために、読書も執筆も不可能になった。その知的活動は耳と口とに頼らざるをえず、友人たちに本を読んでもらい、それをもとに討論をする、というのが彼の生活の中心になっていった。とりわけヴィクトール相手の討論を好んだようで、週に四日をこれにあててきたという。そして、この討論をもとにして『権力と自由』と題する書物を準備しつつあることを、しばらく前から予告していた。

したがって、今回発表されたこの対談は、雑誌のこの号のためにわざわざなされたものであるにしても、繰り返し行われてきたに違いない両者の討論をふまえた上での発言、ないしはその一こまと考えることができる。

それでは、こうした討論を集約するものと考えられる、現在進行中の書物『権力と自由』とは、どのような内容と形式を持つものなのか。そこでいったい何が論じられ、従来のサルトル思想を超えたいかなる新しさがありうるのか。

この点については今回の対談の中でも若干ふれられているが、その前の年一九七九年にフランスで刊行された季刊文芸誌『オブリック』のサルトル特集の中で、インタビューに答えて、かなりくわしくその構想が述べられている（「書くことの行為に向って」『海』一九八〇年一月号参照）。要約をすれば次のようになろうか。

まず第一に、内容的に言えば、出発点においてそれは、「人間が互いに他の人間にたいして行使するもろもろの権力」の研究、そうした「社会的権力」が生み出す贋の倫理と、そこから発して立てられるべき別の倫理の研究であった。ただしそれは、これまでにもサルトルが何回か企てては放棄してきた倫理学と違い、意識を単に個として捉えるのでもなく、また共同体の中の個として捉えるのでもなく、意識自体の相互浸透性、多様性、共同性といったところから出発した〈われわれ〉についての倫理学となるであろう。したがって従来のサルトル哲学、『存在と無』はもちろん、『弁証法的理性批判』さえも否定しかねないものである。

また第二に、形式の面から言えば、話し言葉と書き言葉との二つの言語からなり、書き言葉の箇所は一つの文自体を二人で交互に書いていくという形がとられるであろう――。そこには相互の批判も対立も含まれ、人生そのものとも言うべき矛盾が含まれるだろうが、各人が自分の最良のものを盛り込みながら二つの思想が一つの思想となり、二つのものの一致が求められるであろう――ほぼこういったことが、こもごも語られている。

要するに『権力と自由』は、今日の時代における倫理学ということになろうか。だがそれにしても、サルトルはいったいなぜ、このように倫理に関心を抱き続けるのか。これまでにも二つの時期に倫理学を企て、そのつど大量のノートを認ためながらもこれを放棄したとのことだが、いったいなぜ、これらのノートには見むきもせずに、この晩年になってなお新たな倫理学の確立に情熱を燃やすのか。

この問いは、おそらくサルトルという作家の全体像にかかわるものであり、さまざまな答え方が可能であろうが、さしあたっては次の二つの側面から考えてみたい。

第一は、サルトルの言語表現への姿勢である。青年時代から、書くとは彼にとって、気晴らしでも道楽でもないのはもちろんのこと、単なる一つの活動、一つの職業でさえなかった。それは生きることそのものであり、いずれかは滅ぶべき実存者の、いかに生くべきかへの決定的回答であった。

「文筆の活動に対する僕の精進と、作家としての純粋さによって永劫の生を獲ち取ろう」と、彼は青年時代のノートに書きつけている。言いかえれば、サルトルにとって書くという行為それ自体が生と死とにかかわる倫理的な行為であり、したがって文学であるにせよ哲学であるにせよ、そこでは当然生の価値が問われるべきものであった。事実、初期の短編から『アルトナの幽閉者』にいたるまで、『存在と無』から『弁証法的理性批判』にいたるまで、生にはいかなる意味がありうるか、あるいは生にいかなる意味を与えうるかという問いが、時代によってその形こそ変えているが——生の意味と歴史の意味とが次第に重ね合わされながら——驚くべき一貫性をもって姿を現しているのである。

第二に、時代の政治状況とのかかわりを考えないわけにはいかない。注目されてよいのは、彼が個々の作品の中で倫理を問うにとどまらず、倫理学自体を書こうと努めたのは、常に、政治行動の可能性が閉ざされ、歴史が停止、逆行として彼の目に映じている時期に対応していることである。

四七〜四九年は、彼の企てた革命民主連合の運動が失敗し、世界が冷戦構造へと移行していく時代であった。六三年、六四年は、アルジェリア戦争を終結させたドゴール政権が、その支配権をすみずみまで確立し、青年の非政治化が初めて口にされだした時代であった。

そして今日は、本文の中でも指摘されているとおり、古典的左翼はすべて体制化し、彼が期待をかけた、六八年五月以後の左翼急進派の運動もほとんど壊滅してしまった。七五年以降のフランス社会は――一九八〇年の日本がそうであるように――戦後の歴史の中でおそらく〈希望〉のもっともない時代、変革の力が一番弱まっている時代であろう。

国際情勢については言うまでもあるまい。いたるところに保守化があり、反動化があり、人間の家畜化、機械化が進行している。そのような政治状況、すなわち歴史の方向、意味が見失われている状況、したがって生の意味が見失われかねない状況であればこそ、サルトルはこのような状況を照らし出し、これを超える原理として、あえて今日の倫理学を――それも自分の過去の哲学体系を突き崩してまで――構築することに固執するのであろう。

第三に――これは小さな声で付け加えるだけにしたいが――このような企てのうちには、迫り来る時刻を意識したサルトルの、願いのようなものが感じられる。〈人間〉

は可能であり、人間たちの歴史には意味があらねばならぬ、という信仰が彼をつき動かしているように私には思われる……。

以上が、今週から連載されるサルトル―レヴィ対談のいくつかの背景である。

さて、これまで私は対談と書き、討論と書いてきた。だがこのサルトルの〈親友〉は、怖るべき検事でもあるようだ。ときとして彼の発言は尋問の様相を帯びてくる。いたるところでレヴィは被告を追いつめ、その矛盾をあらわし出し、ときには悲鳴に近い言葉を吐き出させている。

実際、サルトルの頭脳の回転は、かつてのようになめらかなものとは決していえず、思考はしばしば足踏みをしている。にもかかわらず、この仮借ない〈思想裁判〉を受け入れ、その中でいわば満身瘡痍《そうい》になりながら、それでも考え、それでもその先へ一歩抜け出ようとするその意欲、そして老いを決して認めようとしないその意地。やはり、みごとというべきであろう。

いまこそ、希望を

1　挫折を超えて

レヴィ　しばらく前からあなたは、希望と絶望ということを問題にしている。これは著作のなかで、これまでほとんど取り組んでこなかったテーマだが。

サルトル　ともかく、今と同じ仕方ではね。というのは、わたしはずっと、誰もが希望を持って生きていると考えてきたからだ。誰もがこんなふうに信じている――つまり、自分の企てたことは、自分に直接関係するにせよ、自分の属する社会集団に関係するにせよ、実現されつつあるし、実現されるだろう。それは、自分にとっても共同社会の人々にとってもよい結果をもたらすだろう、と。

希望というのは人間の一部をかたちづくっている、とわたしは考えるわけだ。人間行動は超越的だ(1)。つまり人間行動は、いつでも現在から出発して、未来の対象

［目的］を狙う。われわれは現在のなかでその行動を考え、これを実現しようと努めるのだが、人間行動はその目的、その実現を未来に置く。だから、行動する仕方のうちに希望が、つまり実現されるべきものとして目的を設定するという事実そのものが、存在する。

レヴィ　たしかにあなたは、人間行動は未来にむけて目的を狙う、と言ってきた。けれどもすぐそのあとで、こうした行動はむなしい、と付け加えている。(2) 希望は必然的に裏切られるわけだ。カフェのボーイ、人民の指導者（ヒトラーであれスターリンであれ）、パリの酔っぱらい*［＊原注］、マルクス主義の革命的活動家、ジャン＝ポール・サルトル、こういった人たちすべてが、次の共通点を持っていたようだ。誰もが自分で多くの目的を立てるが、存在しているかぎりは誰もが挫折する、という共通点を。

サルトル　正確にはそんなふうには言っていない。大げさだな。たしかにこうは言ったがね。彼らは、自分たちの求めていたものをそのとおり手にすることはない。いつでも挫折がある、と。

レヴィ　人間行動は未来にむけて目的を立てる、とあなたは主張した。けれども、この超越の運動は挫折にいたる、とも言っている。『存在と無』[3]のなかでは、目的を立てながらまったくの徒労に終わる姿を示してみせた。完璧な「くそまじめな精神」[4]の持ち主であるにもかかわらず。（あなたの考えによれば）人間はなるほど、自分でいろいろ目的を設定する。けれどもつきつめると、人間が欲する唯一の目的は神になる（神として存在する）ことだった。[5]自己原因になること、とあなたは呼んでいたが。だとすれば当然、挫折に終わる。

サルトル　そうだな、その挫折という観念[6]は、すっかり棄てたわけじゃない。それは、希望という観念じたいと矛盾するのだが。『存在と無』の時代には、わたしは希望について語っていない、ということも忘れないでほしい。希望の価値という観念が、わたしのうちにすこしずつ生まれてきたのは、もっとあとになってからだ。希望というものを抒情的幻影[7]とみなしたことなど、一度もないよ。希望というのは、自分で定める目的を、実現可能なものとしてとらえる仕方だと、いつでも考えていた。希望について語っていなかったときでもね。

レヴィ　希望について語らなかったかもしれないが、絶望についてては語っていた。

サルトル　そう、絶望についてては語っていた。けれど、これまで何度も言ってきたように、絶望というのは希望の反対物ではなかったのさ。絶望とは、自分の根本的な目的に到達することができないのだから、人間現実(8)（réalité humaine）には本質的な失敗が含まれている、という確信だった。それにけっきょく、『存在と無』の時代には、絶望ということで考えていたのは、人間の条件とは何かということについての明晰な見方のことだけだった。

レヴィ　いつか、わたしにこう言ったね。「絶望について語ったけど、あれは軽はずみさ。誰もが絶望について語っていたし、それが流行だったから、わたしも絶望を口にしたんだ。みなキルケゴール(9)を読んでいたのでね」と。

サルトル　その通りだ。わたしは、自分では絶望したことが一度もなかったし、どんな仕方であれ、絶望というものを、自分のものとして考えたことはなかった。だから、絶望という点に関してわたしに影響を与えたのは、たしかにキルケゴールだったね。

レヴィ　そいつはおかしい。あなたは、キルケゴールが本当には好きでないのだから。

サルトル　そう、けれども、やはり影響を受けたのさ。キルケゴールの語る絶望は、他人にとって現実性をもちうる言葉のように思われてね。

だから、これを自分の哲学のなかで考慮に入れたかった。流行だったんだ。自分についての個人的な認識に、何かが欠けているような気がしてね、そこからは絶望を引き出してこられなかったのだよ。しかし、他人がこれについて語っている以上、それは彼らにとって存在するに違いない、と考える必要があった。

けれどもね、あれ以来こうした絶望は、わたしの作品のなかにもうほとんど見られないということに注意してほしい。あれは、一時期のことだった。こういうことは、多くの哲学者において見られる。絶望についても、どんな哲学的観念についてもね。彼らは、それぞれの初期の哲学のなかで、あれこれの観念について伝聞をもとにして語り、これに重要な価値を与える。それから、だんだんともう語らなくなってしまう。その観念の内実が彼らにとっては存在せず、他人から借りてきたものだということを、理解するからだ。

レヴィ　不安[10]についても、同じことが言える？

サルトル　自分では、不安というものを持ったことがない。これはね、一九三〇年から一九四〇年にかけての哲学の、中心概念の一つだ。これまた、ハイデッガー[11]からきたものだ。誰もがしじゅう使っていた概念だが、そういったものは、わたしのばあい何にも対応しなかったな。たしかに、悲嘆とか、倦怠とか、貧困とかは経験したが、しかし……。

レヴィ 貧困を……。

サルトル まあともかく、他人にとっての貧困というのは知っていた。目にしていた、と言ってもいい。けれども、不安とか絶望とかはなかった。だが、この問題は切り上げよう。こいつは、わたしたちの研究に関係がないからね。

レヴィ いや、あるよ。あなたが希望について語らなかったということと、絶望について語っていたときも、じつはそれはあなたの考えでなかったということ、これを知るのは、やはり大事なことだ。

サルトル わたしの考えは、たしかにわたしの考えとしてあった。けれど、この考えを《絶望》という項目に整理したとき、それはわたしに関係がなくなったということさ。わたしにとってもっとも重要だったのは、挫折の観念だった。

挫折という観念は、絶対目的とでも呼びうるものに関連している。『存在と無』のなかではこういう形で語られていないのだが、それは要するに、各人がたえず自分の抱いている理論的、ないしは実践的な諸目的をこえて、たとえば政治的、ないしは教育的な問題にかんする諸目的をこえて、つまりこういったことすべてをこえて、一つの目的を各人が持っているということだ。超越的、ないしは絶対的と呼びうるかもしれないような目的を持っているということ、そして、これら実践的諸目的のすべては、この絶対的目的に関連してしか意味を持たないということだ。

だとすると、人間の行動の意味とはこの目的であって、とうぜんこの目的は人によって違うのだけれども、それが絶対的であるという点で特殊なわけだ。そして、希望というのは、この絶対的目的に結びついている。挫折もまた、同様だ。真の挫折というのは、この目的に関連しているのだから。

レヴィ　その挫折は、避けがたいものなのか?

サルトル　ここでわたしたちは、一つの矛盾にぶつかるわけだ。わたしはまだそこから脱け出していないが、この対話を続けていくうちに脱け出せると考えている。いっぽうでわたしは、人間の生は挫折として現れる、という考えを保持している。やろうと試みたことを、人はうまくやりとげえないものだ、と。考えようとしたことを考え、感じようとしたことを感じることにさえ、成功しないのだ。これはけっきょくのところ、絶対的ペシミズムに行きつく。『存在と無』のなかでは主張していないことだが、これは今日、どうしても確認せざるをえないことだ。

つぎに、他方で、一九四五年来わたしはだんだんとそう考えるようになり、今ではすっかりそう考えているのだが、企てられた行動のきわめて重要な特徴は、さきほど言ったように、希望だということだ。そして、希望という言葉の意味するところは、行動を企てればかならず行動の実現を期待する、ということだ。

そして、さっき言ったことだが、この希望が抒情的幻影だとは思わない。それは、行動の性質じたいのうちに含まれているのだ。言いかえれば、行動とは、同時に期待でもあるので、絶対的かつ確実な挫折に、原理的に運命づけられえないのだ。ということは、行動がかならず目的を実現するに違いない、ということではない。そうではなく、未来における目的の実現という形をとるに違いない、ということだ。しかも、希望そのもののなかに、一種の必然性がある。

いま現在、挫折の観念は、わたしの内で深い根拠を持っていない。それに反して、人間とその目的との関係であるかぎりの希望、仮に目的が到達されないとしても存在する、両者の関係であるかぎりの希望、これこそがわたしの思想のなかで、もっとも現在的なものだ。

レヴィ　例を一つあげよう。ジャン゠ポール・サルトルの例だ。子供のとき、彼は書くことを決意し、この決意は不滅の探求へと彼を導く。この決意について、サルトルは、自己の著作活動の〝暮れ方〟において何と言うだろうか？　あなたのなしたものである、いちばん根本的なこの選択は、挫折だったのか？

サルトル　形而上学(12)の次元では、挫折だとしょっちゅう言ってきた。つまりこう言いたかったんだ。シェークスピアとかヘーゲル(13)とかのタイプの驚異的な作品を、わたしは書かなかった。したがって、自分のやろうと思ったことに比べて挫折だ、と。

けれども、このわたしの答えは、ひどく間違っているようだ。もちろんわたしは、シェークスピアでもないし、ヘーゲルでもない。けれども幾つかの作品を書き、これをできるかぎり念入りに仕上げた。何冊かは明らかに失敗だったし、他の何冊かはもうすこしましで、他の何冊かは成功だった。そして、それでじゅうぶんなのさ。

レヴィ　ただ、あなたの決意に比べたとき、全体としてはどうだった？

サルトル　全体としては、成功だ。わたしが必ずしも同じことを言ってきたわけじゃないことは、自分でも心得ている。ただ、この点で二人の意見は食い違っている。というのは、わたしは、自分の矛盾はたいしたことではなかった、ともかくも自分は、ずっと一貫した線を守っている、と考えるからだ。

レヴィ　《目標にむかって一直線》というやつだね。その点であなたは、絶対の領域に目的を立てたために必然的に挫折せざるをえない、とは考えないのだ。

サルトル　そうは考えない。もっとも、いやしい見方を徹底させて、わたしは他人についてはそうと考えながら、自分については決してそうとは考えない奴、と見られるかもしれない。わたしは、人々がいかにして誤っているか、人々が自分では成功したと信じているときにさえ、いかにしてそれが全面的な失敗であるか、ということを見てきた。わたし自身について言えば、そのように考え、そのように書くこと、これには成功している、もっと一般的に、自分の作品は成功していると思っていた。もちろん、そうはっきりと考えていたわけじゃない。はっきり考えていたなら、(他人についてと自分についての評価の)この大きな食い違いに、やはり気づいていただろうからね。ただやはり、そう考えてはいたのだよ。

2 社会性の欲望

レヴィ それにしても、カフェのボーイ——最初のところで話に出た、くそまじめな精神にあふれたあのボーイ——の、存在することへの欲望と、サルトルの不滅への欲望とを区別するのはいったい何なのか？（あなたの言う）いやしい見方は別にしてね。というか、こういう区別には、いやしい見方以外のものがあるのではないか？

サルトル ものを書いているあいだ、書くのをやめるときまで、不滅の観念にしょっちゅうしっかりと身を委ねていたわけだが、やはりあれは一種の夢想だったのだと思うな。不滅というのは存在するとは思うが、あんなふうにしてじゃない。あとで、この点について説明してみよう。自分で頭のなかに思い描いた不滅を欲するその仕方という点で、わたしはカフェのボーイやヒトラーとそれほど違ってはいなかったが、自分の作品に取り組むその仕方は、違っていたと思う。その仕方はわたしに固有のものだったし、倫理的なものだった。そのことの意味は、これから検討していくことにしよう。

というわけで、行動に必然的に伴ってくる幾つかの観念、たとえば、不滅の観念はいかがわしいし、曖昧だとわたしは考えている。わたしの仕事にしても、不滅であろうとする意思に導かれたわけじゃない。

レヴィ　けれども、（カフェのボーイとの）そういう違いから出発することはできないのか？　あなたは作品を、読者と作者のあいだの高邁さの契約、信頼の契約というふうに語っている。(1)この契約を、作家の仕事の最重要なことであると、いつでもみなしてきたのでは。

サルトル　作家の、社会的な仕事の……。

レヴィ　その社会的仕事には、『存在と無』で語られているような存在することとの欲望と、すくなくとも同じぐらい根本的な欲望の表現がみられるのではないか？

サルトル　そうさ。ただし、その欲望を定義する必要があると思う。こう考えてもいいかもしれない。くそまじめな精神の根本的なあり方とは違う、別のあり方がある、と。それはつまり、倫理的なあり方だ。そして倫理的あり方とは、次のことを予想させる。われわれは存在を目的とすることをすくなくともこのレベルではやめる、われわれはもう神になることを欲しない、われわれはもう自己原因(2)になることを欲しない、といったことを。われわれが探求しているのは別のことだ。

レヴィ　要するに、その自己原因という観念は、きわめてはっきりとした神学的伝統に依拠しているにすぎない。

サルトル　まあそうだ。

レヴィ　キリスト教からヘーゲルにいたるまでの。

サルトル　まあその通りだ。わたしの伝統とはまさにそれで、そのほかにはない。東洋の伝統もないし、ユダヤの伝統もない。わたしの歴史性からして、そういった伝統は欠けているわけだ。

レヴィ　ただあなたは、その神学的伝統にたいして距離を取ったばかりのところだ。自己原因的存在、人間―神という、あの定義を振り払って。

サルトル　そう。それに、わたしたちが目指す倫理は、キリスト教の伝統には結びついていないと思う。わたしたちが目指すべきもの、わたしたちが倫理のなかで探究すべき目的は、キリスト教によって提供されている目的とは確実に違っている。

レヴィ　高邁さの契約は、いわば社会性への欲望へと、わたしたちを送り返すだろう。

社会性への欲望というのは、くそまじめの精神によって、存在することへの欲望と呼ばれているものと、すくなくとも同じぐらい根本的ではないのか。

サルトル　そう思う。ただそのばあい、社会性ということが何を意味するのかを、きちんと定義する必要があるだろう。それは第五共和政(3)の民主主義、ないしは疑似民主主義のことではない。これまでのものとはまったく異なる、人間相互の関係のことだ。それは、マルクスが考えていた社会―経済関係でもない。

レヴィ　マルクス主義を相手にしたあのしんどい論争(4)のなかで、あなたはじつは、今日人々が一致して「社会性への欲望」と呼んでいるものを、探し求めていたのではないか。『存在と無』での、自己欺瞞の弁証法を抜け出して。

サルトル　たしかにそうだ。

レヴィ　『存在と無』の終わりのところで、あなたは倫理的展望を切り開けると思っている。ところがその後、倫理論が書かれないで、マルクス主義を相手とした論争が始まる。このふたつのことは、緊密に結びついているようだが。

サルトル　緊密にね。

レヴィ　『存在と無』がゆきついていた袋小路を、ヘーゲルとマルクス主義とによって定義されるような歴史の意味(5)によって、もしかすると避けられる、とあなたは思ったのだ。

サルトル　そう、ただし、大ざっぱに言ってのことだよ。それから今度は、まったく別の方向に行く必要があると考えた。それが、いまやっていることさ。言っておくが、倫理の真の社会的目的とは何かを探るこの研究は、今あるような左翼のために原理を再発見しよう、という考えと結びついている。この左翼は、何もかも放棄し、いまのところ壊滅状態で、おそまつな右翼を勝ち誇らせているのでね。

レヴィ　おそまつなうえに、下劣だ。

サルトル　右翼と言うとき、それだけでわたしにとっては下劣な連中ということさ。

今の左翼は、くたばるか否かのどちらかだ。だが、くたばるとするなら、そのときくたばるのは人間それじたいだ。くたばらないのなら、そのときはこの左翼のために原理を再発見する必要がある。わたしたちのこの場での討論が、一つの倫理のスケッチとなると同時に、左翼の真の原理の発見になってほしいのだが。

レヴィ　わたしたちがいまおおよそ到達している第一の地点は、左翼的原理は社会性への欲望となんらかの関係がある、ということだ。

サルトル その通り。それから、希望とも関係がある。いいかい、わたしの作品は挫折さ。自分が言いたかったことすべてを言ったわけではないし、自分が言いたかった仕方で言ってはいないからだ。これまで生涯に何度か、このことがわたしを深く苦しめた。またそのほかのときは、自分の過ちを無視して、自分はやりたかったことをやったのだと考えた。けれどもいま現在は、もうそのどっちとも思われない。自分にできたことはほぼやって、それはそれなりに価値があったと思っている。

未来は、わたしの主張したことの多くを否認するだろう。そのうちの幾つかは残るだろうと、期待してはいるが、いずれにしても《歴史》のゆっくりとした運動があって、人間による人間の自覚のほうへと向かっている。そのばあい、過去においてなされているすべてのことが、(歴史のなかで) その場を占め、その価値を持つだろう。たとえば、わたしの書いたことが。これこそ、われわれがやったすべてのこと、やるであろうすべてのことに、一種の不滅を与えるものだ。言いかえれば、進歩を信ずる必要があるのさ。そして、これはおそらく、最後まで残っているわたしのナイーブさの一つだ。

レヴィ もしよければ、あなたと革命家たちとの討論に戻ろう。あなたは、彼らの目的を分かち持つと言った。だがじつは、不信の念を抱き続けた。連中がそうした目的に到達しなければよいのだが、と！　ほぼ、今みたいな言葉で言ったね。あなたのほうは、同伴者[6]でしかなかったんだ。それが、二股思考（矛盾するふたつの思考）の方式を助長したのではないか？

サルトル　それはあまり正確な言い方じゃない。あれは、二股思考といったものではない。思うに、どんな政党も必然的に愚劣なんだ。なぜって、（政党では）思想は上からやってくるからだ、下で考えられているという形をとりながらね。これは、思想をくだらなくさせる最良のやり方だ。なぜなら、とうぜん下部においてこそ、思考は練りあげられるべきだからだ。上部からこれを先取りしてはならないのだ。二〇歳のとき以来、わたしは政党という観念そのものに嫌悪を催すのだが、これはそのためだ。

　政党は真理を持たないし、真理を持つつもりがないということを、認識する必要がある。政党はさまざまな意図を持ち、なんらかの道を行くのだから。同伴者とは、わたしにとってまさしく、《党》の外で真理を考えようと試みる者のことだ。《党》がこの真理を利用するだろう、と希望しながらね。

レヴィ　そうした同伴者的実践の結果らしきものは、何だったか。ロマン・ロランは一九三〇年代のソ連、つまり強制的集産化、数十万の農民の抹殺、精神の闇夜、そういった時期のソ連にやってきて、こう言っている。「わたしはソ連において人間精神の諸権利がみごとに拡大されているのを見た」と。

サルトル　ロマン・ロランはすぐれた思想家じゃないよ。

レヴィ　ジャン＝ポール・サルトルは、一九五四年にソ連にやってきて、お膳立てどおりちょっと見てまわり、ついで帰国してから、パリの大夕刊紙[7]に、ソ連は最大限の自由がある国だと述べている。

サルトル　たしかにわたしは、ソ連についてよい方向に考えていた。あなたが思っているほどじゃなかったが。けれどもそれは、ソ連について悪い方向に考えることを自分に禁じていたからだ。

レヴィ　まさか。同伴者には、奇妙な知的習慣があるんだね。

サルトル　同伴者に非のうちどころがない、などと言うつもりはないよ。そんなに単純なことじゃない。じっさい、現在わたしは同伴者を擁護するつもりはないしね。残念なことに、同伴者の思想は、《党》のためにありながら、《党》によっては決して受け入れられないからだ。

レヴィ　あなたが定義した意味での愚劣な党、それに同伴者、すなわち知識人であることで真理という観念を持っているらしい知識人、この両者を合わせると何が生じ、それがいかに無残に失敗したかは、よくおわかりのはずだ。

サルトル　わかってる、わかってる。

レヴィ　だというのに、あなたはまだ、同伴者の追悼演説のようなものをやろうとしてるように見えるが？

サルトル　いまや政党はだめになった、と言ってるだけさ。いまから二〇年か三〇年後に、左翼の大政党は、いまあるようなものではもうなくなるということは、目に見えている。おそらく、そのうちの一つか二つかは消えてなくなってさえいるだろう。何か別のものが生じ、そこにはもう同伴者というものは、正確には存在しなくなるだろう。それは、前に説明したが、限定された、個別的な目的を目指す大衆運動となるだろう。そうした大衆運動では、同伴者という概念は、もう意味をもたなくなる。

レヴィ　というわけで、あなたのお好きな同伴者は消えてなくなる。二人で死亡証明書を作成しておきたいものだね。死んだのは何者か？　札付きの下種《げす》か、阿呆か、間抜けか、とんでもないお人好しか？

サルトル　それほど悪くはない奴だ、とむしろ言いたい。必ずしも間抜けじゃない。ばあいによってそういうこともあったかもしれないが。《党》の要求に屈するとき、彼は阿呆か、間抜けになった。けれども、屈しないこともできたので、そのときは、それほど悪くはなかったのだよ。ただ、《党》のほうが事態を耐え難いものにした。《党》というものが存在したがゆえに、彼は同伴者になったのだ。

レヴィ　はっきりさせておこう。同伴者というその人物は、この四〇年来、左翼思想を掘り崩してきた挫折全体の一部をなすものなのかい？

サルトル　わたしはそう思う。

レヴィ　あなたの活動のその側面について、今日どう思う？

サルトル　同伴者になった時期は、ごくわずかだ。五一年、五二年に同伴者になり、五四年にソ連に行った。ほぼそのすぐあとで、ハンガリー動乱[8]が起こって《党》とは縁を切った[9]。それがわたしの同伴者体験だ。四年間さ。それにこれは、わたしのばあい二義的なことだった。その時期には別のこと[10]をしていたのだから。

レヴィ　二股思考の疑いが、また出てこないかな？

サルトル　《党》が考えることとわたしが考えることとは別だ、とわたしは、つねに言ってきた。それは二股行動じゃない。わたしはある時期に、《党》の疑似思想は真理を含み、がっちりした基盤に支えられているに違いない、その愚かしい側面は表面的なものでしかない、と思い込んでいた。共産党は労働者の党だと称していたので、じっさいには、強い印象を与えられていたのだ。今では、これは誤りだと思う。知識人には、何かしがみつくものを見つけたいという欲求があって、わたしも他の知識人と同じようにそれを見つけていた、ということだ。

レヴィ　知識人のうちにある、しがみつきたいというその欲求について話そう。いったいどういうわけで、しがみつきたいというその欲求が、ついにはあなたを導き、そのほか多くの連中を導き、スターリニズムの岩にしがみつくように仕向けたのか？

サルトル　あれはスターリニズムじゃなかった。スターリニズムは、スターリンとともに死んだんだ。近ごろは、何を指すのにもスターリニズムという言葉が使われる。

レヴィ　いったいどういうわけで、知識人連中が、しがみつきたいという欲求を、すなわちあの下劣な政党のうちに、支えを、根拠を見いだしたいという欲求を持ったのか？

サルトル　社会に未来を見つけなければならなかったからさ。この社会がくそだめでなくなる必要があったのだ。いまでは、いたるところでそうなってしまったがね。自分一人で、自分一個の思想で世界を変えられると思わなかった。ただ前進しようと試みている社会勢力を見きわめていったのさ。そして、自分の場はそのなかにあると思ったのだ。

レヴィ　重要な一点について、もっとはっきり見て取れるのではないか？　出発点に、完全に独立した知識人がいて、共産党のことを意に介さず、『存在と無』を書いている。だが、希望を根拠づけることができない、未来の諸目的に向かっておのれを投企[11]するあの超越性に、肯定的な内容を与えることができない……。

サルトル　できないのだが、そうしようともしていない……。

レヴィ　独立した知識人は、あの下劣な共産党のなかに真理を見いだそうと骨をおったりはしない。そう、彼は誰に対してもやましい気持ちなしに、一つの思想を練りあげる。けれども、袋小路だ。そしてその行き詰まりをとおして、あなたは一つの内容をかいま見る。それ以前の結論が正しくはなかったのだと考える。そこで、未来に内容を与えるために、じっさいには代表団に頼るのだ。

サルトル そう、わたしには結合した人間たちが必要なのだ。一つの、あるいはばらばらになった幾つかの単位では、社会を揺り動かし、解体させることはできないだろうからね。闘う人々の軍団を、想定する必要があるのだ。

レヴィ わかった。あなたはそれからすぐに革命の思想、すなわち未来の思想のキーポイントとして、集団の問題、行動する多様な人間たちの、結合の問題を提起するにいたる。実践的総体の理論を打ち立てようとして、八〇〇ページ近くの本を書こうとする。(12)

サルトル 完成しなかった本を！

レヴィ しかも、さらに八〇〇ページを必要としたはずの本を。(13)ところで、その実践的総体の理論を仕上げるのに、あなたは、歴史の最終目的を提示して、これに訴えざるをえなくなる。その最終目的を、マルクス主義から借りてくる。労働者階級は人間の前史を完成する役割を負っている、と。というわけで、決算をしてみよう。あなたが、最終目的の第一の定義から第二の定義へ、挫折という定義からプロレタリアート〔労働者階級。生産手段および権力をもたない労働者大衆〕による歴史の完成という定義へと移っていることは明らかだね。

サルトル　第二のばあいにも、ぜったいに挫折を忘れずに、だ。

レヴィ　たしかに、『弁証法的理性批判』のなかには、挫折の観念がみられる。友愛にめぐりあえると期待するたびに、恐怖にぶつかるのだから。(14) けれども、確かなことは、『弁証法的理性批判』における思考の運動の原理は、最終目的が存在するということだ。

サルトル　その最終目的について、第二部が書かれるはずだった。ところが、あなたも知ってるように、書かなかった。

レヴィ　あなたが提示した二つの定義のどちらも、明らかに満足すべきものではないな。第一の定義は、第二の定義を行うためにあなた自身が放棄した以上、第二の定義は、あえて言うならわれわれの時代が放棄した以上はね。

サルトル　こんなふうに想定していたんだよ。行動の展開は一連の挫折となるだろうが、そこから予想外の形で肯定的な何かが――挫折のなかにすでに含まれていたけれども、成功しようとしていた者は知らなかった何かが――出てくるだろう、と。

また、こうした部分的、局部的な成功、作業にたずさわっている人々にはほとんど判読できない成功こそが、挫折を重ねていくなかで、進歩を実現していくだろう、と。わたしは、こんなふうに歴史をいつも理解してきたのさ。

3　人間について

レヴィ　（行動の）挫折と意味とを思考すると同時に生きていく、ということの困難、道を誤る危険、そういうものを前にすると、目的という観念をむしろ放棄したほうがよいかもしれない……。

サルトル　じゃ、なぜ生きるんだい？

レヴィ　あなたからその言葉が聞けてうれしいね。それにしても、この目的の観念は今日、どのようにして出てくるのか？

サルトル　人間をとおしてだ。

レヴィ　はっきり説明してほしい！

サルトル　人間とは何かということが証明されるかもしれない、と言いたいのだ。まず第一に、あなたも知っているように、わたしの考えでは、先験的《アプリオリ》な本質というものは存在しない〔「実存は本質に先立つ」。サルトルの実存主義の基本テーゼ〕。だから、人間とは何かということは、まだ定まっていないのだ。われわれは、完成した人間ではない。われわれは、お互いの人間的な関係に、また人間の定義に到達すべく、あがいている存在だ。

　われわれはいま現在、闘いのまっただなかにいる。そしてこの闘いは、おそらく長い年月のあいだ続くだろう。けれども、この闘いを定義しておく必要がある。われわれは、人間として共に生きることを求め、人間になることを求めているのだ、と。したがって、この定義の探究と、まさしく人間的なものとなるであろうこの行動の探究――もちろん、ヒューマニズムをこえてだが――、これをとおしてこそ、われわれは自分たちの努力と目的とを考察しうる、ということになる。言いかえれば、われわれの目的とは、各人が人間となるような、また共同社会（collectivités）も同じく人間的となるような、そういう真の構成された社会（corps）に到達することなのだ。

レヴィ　一九三九年以前にあなたは、ヒューマニズムなどくそくらえ、と言った[1]。その数年後、あなたは、自分の変化について説明をせずに、「実存主義はヒューマニズムか?(2)」という講演をし、この問いにたいし「ウイ」と答えている。さらにその数年後、植民地戦争が行われていたころ、あなたは、ヒューマニズムは植民地主義のまとうバタフライだと述べることになる。(3)最後に、今日あなたは、人間をつくらねばならぬ、ただしこれはヒューマニズムとは何の関係もない、と言っている。

サルトル　ヒューマニズムのなかには、人間が自分自身にうっとりと見とれる側面があって、それが大嫌いだったんだ。これは、『嘔吐』のなかの独学者が浮き彫りにしているはずのものだ。このヒューマニズムを、わたしはつねに拒否してきたし、今でも拒否している。あまりにも決めつけすぎたかもしれないが。

いま考えていることは、人間というものが真に、そして全体的に存在するとき、(4)その同類との関係は、またおのれ自身で存在する仕方は、ヒューマニズムと呼びうるものの対象——目的となるかもしれないということだ。つまり、ヒューマニズムとは、たんに、人間の存在の仕方、隣人との関係、自分自身として存在する仕方、ということになるかもしれない。

けれども、われわれはまだそこには至っていない。言ってみれば、われわれは人間以下の存在、すなわち、目標点にたどりついていない存在、そのうえ、その目標点にはおそらく決して到達しないだろうけれども、その方向にむかっている存在なのだ。そのばあい、ヒューマニズムとは何を意味しうるか？

もしも人々を「有限の閉じられた全体」と考えるならば、ヒューマニズムはわれわれの時代に可能ではない。それに反して、こうした人間以下の存在が、自分たちのなかに人間的であるさまざまな原理を有していると、つまりは人間のほうに向かっている若干の萌芽、人間以下の存在自身よりも先に進んでいる若干の萌芽を有していると考えるならば……、そのときは、今日重要とされている諸原理によって人間と人間との関係を思考すること、その作業そのものを、ヒューマニズムと呼ぶことができるかもしれない。何よりも、他人との関係の倫理というものがある。これは、人間が真に存在するようになっても、いぜんとして残る倫理的なテーマだ。したがって、この種のテーマは、ヒューマニズムという主張を生み出しうるかもしれない。

レヴィ マルクスもまた、人間は最後には本当に全体的になるだろう、と言っていた。こうした理屈で、人間以下の存在は、総体的かつ全体的な新しい人間を建設するための原料とみなされた。

サルトル　ああ、なるほど。だがそれはね、そういう言い方はまったくばかげている。人間以下の存在のなかに、まさしく人間的側面があるんだよ。人間のほうに向かうあのさまざまな原理が。目的を獲ち取るため人間を物質や手段であるかのように利用することを、おのずと禁止しているさまざまな原理が。われわれが倫理の問題に取り組んでいるのは、その点においてなんだ。まさしくね。

レヴィ　あなたは昔、そのように倫理に訴えることを、形式的だとか、もっとひどくブルジョア的だとかと非難したんじゃなかったのか？　われわれはそういう（非難を投げつける）ゲームをやってきた。ところがあなたはいま、禁止だとか、人間的だとか、そんなことを口にする。そんなものはみな、昔だったらあなたを吹き出させただろうに。だとすると、何が変わったのか？

サルトル　いいかい、わたしたちはこれからここで、たくさんのことを述べていくことになるわけだ。いずれにせよ、そう、わたしはふざけたことを言ったかもしれない。ブルジョア的倫理うんぬん、と口にしたかもしれない。要するに、ばかなことを言ったかもしれない。

ただ、事実に即して事態をよく見きわめてみると、われわれの周囲にいる人間以下の存在、またわれわれのブルジョア性とか、プロレタリア性といったことを考慮に入れずに、直接的にわれわれ自身がそうである人間以下の存在に即して、事態をよく見きわめてみると、ヒューマニズムは、人間たちによってしか実現されえないし、生きられえないことがわかる。

またわれわれは、一つ前の時代に生きていて、自分もそうであるべき人間たち、あるいはわれわれの後継者たちがそうなるであろう人間たちのほうへと、急いで向かっているわけだけれども、そういうわれわれは、このヒューマニズムを、自分たちのなかにある最良のものとしてしか生きられないのだ。すなわち、われわれ自身をこえて、人間たちの輪のなかに在ろうとする努力によってしか。われわれの最良の行為によって、こんなふうにあらかじめ描きうるかもしれない、人間たちの輪のなかに。

4 われわれはいつでも倫理的に生きているのか

レヴィ 今日、《倫理》という言葉にどういう意味を持たせるのか？

サルトル それぞれの意識は、どんな意識であれ、一つの次元、つまり義務の次元を持っているという意味だ。これは、わたしの哲学作品のなかで考察しなかったもので、それにごくわずかの人たちしか、そういうものとしては考察していない。義務という言葉はよくないのだが、別の言葉を見つけたいなら、まあ、作り出さねばね。

こういう意味なんだよ。それが何であれ、わたしがあることを意識する瞬間、またそれが何であれ、わたしがあることを為している瞬間、そのそれぞれの瞬間に、現実のかなたにむかう一種の請求(1)（réquisition）があるということ、またこの請求によって、わたしのなしたい行動が一種の内的制約を伴い、それがわたしの意識の一つの次元になる、ということだ。意識は、すべてそれがなすに違いないが、それは意識がなすことに非常に価値があるからではない。まったく逆に、意識が抱くどんな目的も、請求という性格を伴って意識のうちに姿を現すからで、わたしにとってはそれが倫理の出発点なんだ。

レヴィ　あなたはずっと前から、けっきょくのところ個人は委任を受けている、という考えに傾きやすかった。[2]そして、『家の馬鹿息子』[3]のなかでは、カフカを引用しながら、「しかし誰から委任を受けているのかはわからない」と付け加えた。それでは、委任を受けている自由、しかし誰からかはわからないというその考え、そこには、請求を受けている自由、という考えが示されているということか？

サルトル　両者は同じことだと思う。アリストテレス[4]の倫理でも、カント[5]の倫理でも、古典的な倫理のほとんどすべてのうちに、一つの困難な問題がある。倫理を意識のなかのどこに置くか、ということだ。

倫理とは、出現するものなのか？　それともわれわれは、しじゅう倫理的に生きているのか？　倫理的ではないが、かといって非倫理的であるわけでもない瞬間は、存在するのか？　ちょっとものを食べたとき、あるいは酒を一杯飲んだとき、われわれは倫理的と感じるのか、非倫理的と感じるのか、あるいは、それは何でもないことなのか？　また、人々が子供たちに、日々の道徳としてふつう教えている倫理と、例外的な状況の倫理との関係も、またわかっていない。わたしの見るところでは、どの意識にも倫理というこの次元があって、これは一度も分析されておらず、二人で分析をしてみたいものなのだ。

レヴィ　しかしあなたは、初期作品のなかですでに、意識を倫理的なものと定義していた。自由は価値の唯一の源泉である、と。今では、あなたは自分の考えを変えているね。

サルトル　というのは、初期の研究では——それに倫理学者たちの大多数がそうやっているわけだけど——わたしは、相互性(6)を欠いた意識、ないしは他者を欠いた意識（こちらの表現のほうがあたっている）のなかに、倫理を求めていたからだ。

ところがいまは、ある瞬間に意識に生ずることのすべては、必然的に（他者と）結びついている、ときとしては面前の他者、いや、瞬間的には不在の他者、だが、いずれにしても他者の存在によって生み出されさえする、と考えているのだ。言いかえれば、意識はすべて、おのれを意識として構成すると同時に、他者についての意識として、また他者に対する意識としておのれを構成しているように、いまでは思われる。そして、こうした現実の存在、つまり、他者と関係を持っているところから、自己を他者に対するものとして考えるこの自己自身、これこそ、わたしが倫理意識と呼ぶものなんだ。

寝ているとき、眠っているときでさえも、われわれはたえず他者の前にいる。たとえわたしが一人で部屋のなかにいても、他者はいずれにしても物の形で、呼び声の形で、そこにいる。机の上に散らばっている手紙とか、誰かの手で作られたランプとか、誰かに描かれた絵といった形で。要するに、いつでも他者はそこにいて、わたしを条件づけている。だから、わたしの反応——ただたんにわたし固有の反応ではなく、誕生以来、他者によってすでに条件づけられているわたしの反応——は、倫理的な性格をもった反応ということになる。

レヴィ　対他存在(7)を、もう前と同じようには考えていないわけだ。

サルトル　そのとおりだ。『存在と無』の他者の理論では、各人を、あまりにも切り離しすぎた。他者に対する関係を新たな角度から示す、幾つかの問いを出したのだがね。閉じられた二つの《全体》があるわけではなかったんだ。閉じられている以上は、両者がどうやっていつか関係を持つかがわからないからね。まさに、各人の各人に対する関係が問題で、その関係は、閉じられた全体の構成に先立っていた、ないしは、それらの《全体》がいつか閉じられてしまうのを妨げてさえいたのだ。

したがって、わたしが検討していたことは、まさに発展させるべきテーマだったんだ。

けれども、わたしはやはり、それぞれの意識はそれ自身として、各個人はそれ自身として、相対的に他者から切り離されていると考えていた。今日、わたしがはっきりさせようと試みていることを、あのころはまだはっきりさせていなかったんだね。つまり、各個人が、その他すべての個人に対して持っている依存関係ということだ。

レヴィ　かつて自由は必要とされた。いまでは自由は《依存》している。そういう言葉を聞くと、驚く人がいるかもしれないよ。

サルトル　それは依存関係だけれど、奴隷状態の依存関係じゃない。というのは、この依存関係じたいが自由になされていると、わたしは考えるのだから。倫理において特徴的なことはね、行動というのは、いっぽうで微妙な具合に強制されて姿を現すと同時に、他方では、しないでもよいものとして与えられるということだ。したがってまた、行動をするときは選択をしているということ、自由な選択をしているということだ。このばあいの強制は、決定的な影響を及ぼさないという点で、超現実的なんだ。強制として姿を現しながらも、選択は自由になされるのだから。

5　二人で作られる思想

レヴィ　老いの経験が、あなたの考えを変えさせている原因か？

サルトル　違う。みなわたしを年寄り扱いする。わたしは屁とも思わないがね。なぜかって？　年寄りは年寄りだということを、自分では決して感じないからだ。老いを外から眺めている人において、老いが何を意味するか、これは他人をとおしてわたしにもわかるが、自分の老いは感じられない。だからわたしの老いとは、それじたいでわたしに何かを教えるといったものじゃない。

わたしに何かを教えるのは、わたしに対する他の人々の態度だ。言いかえれば、わたしが他人に対して年を取っているというので、ものすごく年を取っているということになる。老いとは、他人が感じとるわたしの現実であって、彼らはわたしを見て「あのじいさん」と言っている。もうじき死ぬということで親切にしてくれるし、うやうやしくもしてくれる。つまり、わたしの老いとは他人のことなのさ。忘れないでくれよ、あなたは自分の個性を消して、わたしに関する話をするという形でこの対話に参加しているけれども、わたしたち二人で仕事をしているのだということを。

レヴィ　あなたの思想の修正にとって、その《わたしたち》というのは、いかなる点で決定的だったのか？　あなたはなぜ、《わたしたち》を受け入れたのか？

サルトル　もともとはね、誰か対話の相手が必要だったわけだ。秘書になれるような相手を、最初は考えていた。わたしはもう書けないので、対話に頼らざるをえなかったのでね。そこで、あなたにこの仕事を提案したわけだ、けれどもすぐに、あなたは秘書には向いていないことがわかった。思索そのもののなかであなたを受け入れねばならない、言いかえれば、わたしたち二人がいっしょに思索しなければならない、ということが。

　そしてこれが、完全にわたしの探究形式を変えてしまったね。なぜなら、わたしはこれまで一人でしか仕事をしたことがなかった。目の前にペンと紙をおいて、机の前に一人座って。それに対して今度は、二人でいっしょに思想を作っていく。ときとして意見が一致しないままだ。けれどもそこには交換がある、これはおそらく、わたしが年を取ったときにしか、その気になれなかったことだ。

レヴィ　二人のほうがまだまし、ということかな？

サルトル　最初はね。そのうち、この協同作業は、まだましということではもうありえなくなった。おぞましいことなのか、さもなければ、新しい何かなのか、そのどちらかだった。つまり、自分の思想が他人によって薄められるということか、一つの思想が二人で作られるということか、そのどちらかだった。わたしが書くときには、著作をとおして人々に提示する思想は普遍的だが、複数のものではない。普遍的だというのは、各人がこれを読むことによって、よかれあしかれこの思想を作りあげるからだ。

ところがそれは、複数のものではない。複数の人間の出会いによって作られたのではなく、わたし一人の痕跡しかとどめていない、という意味でね。複数的思想を作るのに、特権的な入り方があるわけじゃない。各人、自分なりのやり方でこれに近づいて行く。もちろん、複数的思考でも一つの意味しか持たないけれども、各人がそれぞれ違った前提と、違った関心から出発してこの意味を作り出し、各人違った例をとおして、その構造を理解するわけだ。

作者が一人しかいないとき、思想は作者の痕跡をとどめている。読者は、作者自身が引いた道にそってなかに入り、なかを歩きまわる。思想が普遍的であるとはいってもね。これに対して、二人の協同作業からわたしが得たのは、こうだ。二人がいっしょに作りあげた複数的思想は、そのなかに含まれているすべてのことに、わたしが先験的《アプリオリ》に同意しているにもかかわらず、たえず新たなものをわたしに委ねてくれる、ということだ。

わたしから出てくる考えを修正しようとして、あなたが言うかもしれないこと、反論なり、この考えについての別の見方、これが最重要だと、わたしは考えた。なぜ最重要かと言えば、それによってわたしは、一枚の紙の背後にいる想像上の読者（わたしにとって読者とはいつもそうだった）と向きあうのではなく、わたしの思想が引き起こすであろう反応そのものと、向き合うあうことになるからだ。そうなると今度は、あなたがわたしにとって限りなく興味ある人物となってきた。

同様に、非常に重要なことが一つあった。あなたは一五歳のときに、わたしの本から出発して哲学を考え始めた。そして、わたしの本のことをよく覚えている。わたしよりもずっとよくね。そこで、二人の対談ではこれが重要になる。あなたはときどき、わたしが一九四五年なり一九五〇年なりに言ったことへと、わたしを連れ戻してくれる。わたしの現在の思想のなかに、過去の思想を否定したり、過去の思想を取り入れたりするようなものがあるとき、それとわたしとを突き合わせようとして。

というわけで、けっきょくのところ、あなたはたいへん役に立った。そのことは、二人の会話のなかからはあまり感じられないがね。というのは、あなたはわたしと二人きりでないときは、いつものとおり、すこしひかえ気味になるからだ。その結果、こうしたやりとりのなかに、非常に頭のいい男をつかまえて一緒に仕事をしている老人、だがやはり中心人物である老人の姿を、どうしても見ることになる。

ところが、二人のあいだで起こっていることはそうではないし、それはわたしが望んでいることではない。二人の人間がいて、年の違いは重要ではなく、二人とも哲学史とわたしの思想の歴史によく通じていて、倫理の問題に取り組もうと協力している。それも、わたしがそれまでに獲得した幾つかの考えと、しばしば矛盾するであろう倫理だ。問題は、そんなところにはないのだがね。ただ、二人がじっさいにやっていることのなかでのあなたの真の重要性を、二人の討論から人々は感じてくれない。

レヴィ　ゆがめるのは、第三者の読者の存在だ。

サルトル　それはわかってる。ただ、わたしたちが書くのは第三者の読者のためなのだから……。

6　左翼の原理

レヴィ　ごく最近あなたは、左翼はもう存在しないと言った(1)。もちろん、おそらく多くの人たちがひそかに考えていることを、あなたは公然と言っただけだ。けれどもあれだけでは十分じゃない。やはりもうすこし、きめこまかに考えてみる必要があるだろうね。左翼の選挙民というのはあいかわらず存在するし、左翼の政党もあいかわらず存在している。だとすると、左翼はもう存在しないという断定は、何を意味するのか？

サルトル　まず第一に、左翼の選挙民はあいかわらず左翼に、つまり左翼の政党に投票をしているけれども、希望を失ったということだ。彼らはもう、投票をするという行為が、高いところにある意図に対応しているのだとは考えていない。昔は、共産党に投票することは、革命的とみなされる行為だった。いまでは逆に、それは古典的な共和主義的行為であるとみなされることは明らかだ。共産党という名前の一つの政党があり、人々は別の政党に投票するのと同じように、ごく普通にこれに投票している。

レヴィ　そういうことは、左翼急進主義[2]の時代にわたしたちはすでに言ってきたし、左翼政党の票集め主義も批判してきたのだが。

サルトル　ただ、左翼急進主義もまた消えてしまったからね。つまり、いっぽうには左翼政党の票集め主義があって、そのため強烈で全面的な変革という考えじたいが、革命という考えが、成り立たなくなっている――ずっと前からわたしは、革命の最悪の敵は共産党だと考えている。

また他方には、左翼急進主義の蜂起的な側面があるが、左翼急進主義じたいもまた消えてしまった。その結果いまでは、六八年[3]の連中がストライキや街頭のデモ行進という形でやったのと同じようには、行動することはもうできない。ああいったことは、いまでは何の意味もない。

やろうと思えばやれるだろうし、バスチーユ[4]にむかうデモ行進にしても、いくらでも考えることができるが、ポリ公にぶんなぐられて、おそらく何人かは殺されるだろう。それで、そのあとはどうなるか？　状況はまったく変わらないだろう。昔は、こういう行動は、左翼になにか満足を——これが幻想だったかどうかは二人で議論すべきことだ——もたらしたのだが。そして、それで終わりだ。

周知のとおり、いまでは街頭のデモ行進に、だんだん衝撃力がなくなっている。デモの終わりは、散り散りに逃げたり、商店を荒らしたり[5]、警官に暴力をふるったり、警官に暴力をふるわれたり、監獄にぶち込まれたり等々、相場がきまっている。政党はもう、左の社会党がそうであるように、指導者間の権力闘争とか、社会主義についての考え方の相違——たとえばミッテランとロカール[6]だ——とかによって行動を妨げられている、ばらばらの運動でしかなくなっている。

左翼の統一は、共産党が存在するということで、一九二〇年[7]以来すでに強く脅かされてきたが、いまではその統一がぶち壊されているということを、すべてこういったことは示している。一九一四年以前には、左翼は政党というより大規模な大衆運動だった。一時期は指揮を取ることのできる、ただしまだ政党の指導者ではないといった人間がいてね。たとえばジョーレス[8]は、政党の指導者というよりは運動の指揮者だった。いろいろなストライキや運動や、下院での活動の指揮をしていた。けれど彼一人じゃなかったし、彼は必ずしも、いつも皆の賛成を得ていたわけではなかった。ゲード[9]も、彼と同じくらい重要な役割を持っていた。すくなくとも初期においては。要するに、左翼は変化に富むと同時に、やはり統一がとれていた。言いかえれば、左翼は原理を持っていたんだ。

レヴィ　どんな原理を？　何を言ってるのかさっぱりわからない。一九一四年以前のその左翼の統一とやらは、何にもとづいているんだい？　あなたの回顧的な反応は、ちょっと神話的なんじゃないか？

サルトル　政治的統一というものはなかった。けれども、一九世紀のあいだずっと、それに二〇世紀の初頭は、左翼の人間は、だいたいにおいて政治的かつ人間的な原理を参照していて、そこから発して、思想や行動を考えていたように感じられる。左翼とは、そういうものでしかありえないしね。

　ところが、興味深いのは、左翼が形成されて以来——つまり一七九二年ぐらいから[10]一九世紀の終わりまで——まさしくこの原理がつねに存在し、誰もがこれを参照し、それを信じていたのだけれども、この原理が曖昧なままであったということだ。人々の意識の水準では言葉にされず、明らかにされていないのだ。自分は左翼だ、と言うだけなんだね。くたばってしまったこの哀れな左翼の再建を目指して、本当に何かやろうというのなら、この原理を努めて表現しようというのなら、この原理が本来いかなるものであったのか、どうしたらそれが今日、新しい形で存在しうるか、こういったことを知るべきだろう。

わたしの考えでは、左翼がくたばったのは、左翼の用いていた諸原理が、紙の上であれ人々の精神においてであれ、一度として明瞭にされてこなかったからだ。

レヴィ　明瞭さが足りなかったわけじゃない！　マルクス主義がなしてきたいろいろな説明が……。

サルトル　マルクス主義にはマルクス主義の、左翼的諸原理があった。そういった諸原理は『資本論』の中に提示され、いろいろな作品のなかに、たいていは示されてきた。だがそれはマルクス主義の諸原理であって、たんに左翼の諸原理というのではなかったのだ。

マルクス主義は、理論、厳密な理論として、ないしは厳密な理論たろうとして、登場している。演繹と分析とによって、事実を検討しようと努めるものとしてね。けれども、それだけではなくて、マルクス主義は、ある環境のなかに、知的、感情的なある雰囲気のなかにあったのだ。この雰囲気は、理論それじたいよりも広がりを持っていて、ある面ではこの理論によって、裏切られてしまったのだ。この雰囲気、これが左翼だったのさ。

マルクスが自分の説について、ドイツの革命家たちと話をしに出かけていくとき、彼は革命家たちと議論をし、みんな共同で決議を採択した。彼らの意見の一致に重要な役割を演じたのは、どちらの側もそうは言っていないけれども、まさに左翼の観念だったんだ。左翼的行動のなんらかの試みにむけて共にある、という観念だった。

レヴィ　やはりその原理を名づけ、その集団を示して見せるところまで行く必要があるな。ところであなたは、幾つかの判断材料を挙げている。これでじゅうぶんかもしれないね。つまり、一七九二年というその誕生の日付と、この集団が混沌としたなかで開花した一九世紀という時期だ。答えは、口先まで出かかっていると思う。問題となるのは、九三年の反乱者たちの友愛だ(11)。ミシュレと、彼の一七八九年七月一四日の描写だ[12]、ヴァレスと、パリ・コミューン参加者たちの普遍的な友愛だ[13]。

サルトル 違うとは言わないが。ただね、友愛の定義はそんなにかんたんにはできないな。

レヴィ 友愛は原理のように、参照すべきもののように機能した。ただし、その定義はそれほど一定したものではなかった。

サルトル そのとおり。ただそれは、友愛じたいがじゅうぶんに発展させられなかったからだ。友愛（兄弟愛）という観念そのもののなかに、この原理の発展をはばむものがあると思う。こう言ってよければ、九二年からパリ・コミューンにいたるまで、革命家たちは兄弟であり続けたが、同時に彼らは兄弟でなく、兄弟であることをある意味で恥じていた。とはいうものの、彼らは友愛ということを持ち出していた。だから、その点をはっきりさせる必要があるんだ。

レヴィ なるほど。現在の崩壊から出発することによってね。崩壊したのは何なのか？　一七九二年に生まれたこの左翼の概念（figure）のどの点に、われわれは今日達しているのか、これを、やはりはっきりさせようじゃないか。左翼急進主義の死は、それを示唆している。

サルトル　その崩壊には（友愛とは）別の原因があると思う。一九一四年より前に、それまである意味で左翼であった諸勢力が、政党に変形してしまったことだ。政党とは、左翼の死にほかならない。

レヴィ　政党という概念に対するあなたの攻撃は、とても曖昧だ。政党に対してきっぱりノンと言って、無条件に（過去に）退行することもできる。いまあなたがちょっとやりかけているように。けれど、一九一四年でストップしないで、起源に、つまり一七九二年に戻ってほしい。

サルトル　それがね、まさしく一七九二年に政党はなかったんだ。

レヴィ　とはいっても、うじ虫は果実のなかにいたのさ。あなたが描き出しているのは、じっさいには、左翼急進主義を死にまで導いた運動そのものなんだ。左翼急進主義は、遡って考えようとした。共産主義的、ないしはスターリン主義的党概念の、もっと以前のところまで遡ろうとした。それも、一九世紀のあの感情中心の集団と、一九世紀全体をとおしてきわめて少数派だった左翼反対派［左翼の中の反対派］の潮流、この二つを、同時に拠り所にしながらね。

そこで、もちろん左翼急進主義は、一七九三年の過激共和派《サンキュロット》と彼らの急進性（徹底性）を引き継ごうとした。『人民の大義』誌と『デュシェーヌ親爺』(14)との共犯関係を思い出してほしい。崩壊したのはこれなんだ。一七九三年の原風景に訴えることによって、政党の概念以前に遡ろうとする試み、まさにこれが死んだんだ。

サルトル　そう。しかしまさにそのために、左翼だと自称していた政党が、もう左翼ではなくなるわけだ。そのとき死んだのは、左翼の最先端だったのだから。

レヴィ　たしかにね。そこで、一七九三年の左翼の概念（figure）のなかで、何が時代遅れになっているかを検討してみよう。われわれ毛派(15)は、左翼の政党に対抗して、徹底性に訴えるべきだと考えていた。革命の当初の目的、つまり人民主権という目的を極限にまで推し進めていた過激共和派《サンキュロット》と同じように。

場末に住む過激共和派が、街頭に出て槍を高くかかげる、それだけで、制度化された権力機関を、正統性を欠いた状態に陥れることができた。主権は街頭で賭け直されていた。権力は街頭にあった。国民議会でも、ヴェルサイユ宮殿でも、チュイルリー宮殿でもなく。こうした力学のうちには、何かしら欠陥がある。ところがわれわれ毛派は、街頭に立つ主権というこの考えに、なかなか異議を唱えられなかったのだ。

7 超—歴史的な目的

サルトル いずれにしてもわたしのばあい、徹底性は、左翼的態度の本質的要素だといつも思われる。もしもわたしたちが徹底性を排除するなら、左翼をくたばらせることに、少なからず貢献することになる。他方、これはわたしも認めることだが、徹底性は袋小路に通じている。

言いかえればこうだ。一つの行動は、いつでもその他の行動に囲まれており、その他の行動というのは、もちろんこの行動を変えるようにできているわけだ。この事実を考慮に入れないで、これこれの行動は徹底的であらねばならない、そのぎりの帰結まで展開されねばならない、などと主張するなら、わたしたちは馬鹿げたことを言っていることになる。

レヴィ けれどわたしたちは、その馬鹿げたことを言ってきたんだよ。あなたも、わたしも。

サルトル そう言ってきたのだが、わたしたちが間違っていたことは、認めねばならない。ある行動がなされねばならないというとき、外部からのその他の行動による圧力のためにすこし変化をしなくては、その行動が同じ方向で続けられない時期がやってくる。つまり、その他の人間とか、その行動とはもともと同じ立場でないその他の行動とかの協力を受け入れなくてはならなくなる。言いかえれば、妥協だ。
　そのとき、徹底性とは、こう言ってよければ、追求される目的というよりは、この目的を追求しようとする意図、ということになる。カント的倫理ならばそう言っただろうが、根本にあるのは意図であり、意図こそ徹底的でなければならない。ただ、だからといって、目的は徹底的であれ、と意図的かつ徹底的に望み、ついでその目的の実現にむかってわれわれが道を続けていくなかで、最初考えた手段とは別の手段を用いざるをえなくなる可能性がある。したがって、行動がその目的に到達するときは、出発点にあった行動の姿とはいくぶん違っているということになる。

レヴィ　要約をしてみよう。《徹底性》という言葉で、わたしたちは何を言おうとしていたか？　熱い地点から出発して、その熱気を社会全体に放出しようということだった。生ぬるい連中がいるなら、その連中には気の毒だが、穏和主義者[1]はギロチンにかけろ、とね。いままでは、わたしたちはこう言う。熱い部門《セクター》と冷たい部門[2]があるのだ、と。なにがなんでも――ということは、じっさいには退廃を招いても、ということだが——熱い部門を冷たい部門に浸透させるというのではない。反対に、熱い部門と冷たい部門とを結合するのだ、と。

他方、わたしも同意するが、あなたはこう言っている。徹底性――熱い部門の中心――は意図のなかにあって、意図がこの部門の形成を活気づけた、と。この意図が友愛を指し示しているという点でも、二人の意見はだいたいのところ一致するだろう。言いかえれば、いまわたしたちがやりつつあることは、友愛と恐怖《テロル》とのあいだに必然的な関連がある、という考えを放棄することだ。このことはもちろん、友愛―恐怖《テロル》の現象〔一三九頁注（11）参照〕が、これまでになかったということを意味するものではない。

サルトル　そういうことだと思う。ただ、恐怖《テロル》なき友愛というものを、うまく定義し終えたら、いつかもう一度、友愛―恐怖の関係に戻ってくる必要があるだろうが。

レヴィ　意図こそ徹底性の中心そのものである、というあの考えに戻ろう。

サルトル　意図とは、定義そのものからして必然的に、目的を把握しているということだ。だから、意図が徹底的である、ということは、意図が徹底的な目的を理解している、と言うことにひとしい。ただ、徹底主義《ラディカリスム》（急進主義）が出てくるのは、意図そのものからで、目的それじたいからじゃない。それは、こういう意味だ。〈歴史〉のなかでわれわれはひんぱんに、同じ目的を追求しているように見え、団結していて、同じことを言っている諸個人なり、社会集団なりに出会う。ところが、彼らは非常に異なった目的を追求しているのだ、ということにだんだんと気づかされる。それは、意図が違っていたからだ。それが違う理由は、さまざまな集団に共通した意図といったものがあるように見えるその陰に、意図には意図のそれぞれの真実というものがあるからだ。そして、すべての集団に共通しているのは、多少とも曖昧な（目的の）定式化なのであって、目的それじたいではないということに気づかされるのだ。

レヴィ　それは非常に重要なことだ、革命状勢とされてきたものは、これまでのところ、誤解の産物だったわけだ。

サルトル　多くのばあいね。

レヴィ　とすると、わたしたちが求めるものはこうなる。たんに誤解の次元にある連携にすぎないような状勢という考えを退けようと試みながら、わたしたちが求めるのは、さまざまな意図の本当の連携であるような状勢だ。言いかえれば、徹底的であるとは、散り散りになっている意図を寄せ集めることを徹底的に続けて、適切な統一化を果たす、ということになるだろう。

サルトル　そのとおりだ。できるかぎり、ね。

レヴィ　われわれ毛派は、以前、おそろしく間違っていた。自分たちには革命という目的があり、卵を割らずしてオムレッツは作れない［成功には多少の犠牲が必要である］以上、この目的に達するためには、汚れた手を持ってもかまわない、と思っていたのだから。

そういう理屈の立て方のうちには、誤りがある。汚いこと、下らないこと、血、こういったものがあることを否定するんじゃない。そうではなく、誤りは目的のなかに、うじ虫は果実のなかにある、ということだ、目的の設定においてこういう取り違えがあったとなると、それ以来、必然的に、目的と手段との統一の問題に、派生的な取り違えが生じてくることになった。じっさい、この第一の取り違えは否定的な結果、しかも犯罪的な結果を伴ったかもしれないのだ。けれども、もし、わたしたちが今そう言いかかっているように、目的が、すなわち意図の徹底的な設定が、いわゆる歴史を貫くとするなら……。

サルトル　目的は、超歴史的なんだ。

レヴィ　そう。

サルトル　そしてその意味で、目的は歴史に属さない。それは歴史のなかに姿を現すが、歴史には属さないのさ。

レヴィ　手段の行使、行動のテクニックの行使の問題が、一つある。けれどもこの問題は、それが超歴史的な目的に従属するということのなかで、今後考え直されなければならない。目的とは、レーニンが考えていたように、権力奪取じゃない。根本的な問題は、目的の性質という問題だ。目的というのは、正確にはどう理解すべきなのだろうか？

サルトル　そうだね。超歴史的ということが何を意味するか、いかなる目的についてわたしたちは語りうるのか、こういったことを、まずはっきりさせるべきだ。権力奪取というのは、歴史的な目的だったのだから。ある社会が発展していくなかで、ある時期に権力の奪取が行われる。そのばあいこれは、その時期その時期に、ルイ一六世とかロベスピエール(3)とか、はっきりした名前を持つ連中を片付けることを意味していた。反乱者や革命家たちが、つねに変わらず目指した最終目的、ただし、はっきりと名付けることも目にすることもできないまま、彼らが欲していた最終目的、それはいったい何なのか？　これこそ、わたしたちが定義しなければならないものだ。

レヴィ　その通りだね。だから、左翼という言葉の示す、あの漠然とした感情中心の集団を特徴づけてきた「友愛」という語のうちには、わたしたちが受け継ぐべき要素があるのさ。つまり、友愛の意図、友愛の真の経験の暗示を見るべきだ。この点でわたしたちは、一七九二年の反乱者と、自分たちとのつながりを認めることができる。

けれども、この友愛の意図を、徹底化（急進化）、街頭に立つ主権、自己に不忠実な代議制的主権とは反対の直接民主主義、こういった図式で考えてはいけないので、これはだめで、終わったのだ。これからは、一七九三年の反乱者のあの解決、左翼急進派が示したあの解決は誤った解決だと、わたしたちは考える必要がある。そこで、この誤った回答の起源にある問題、民主主義の問題をまた取り上げる必要があるね。

サルトル　つまり直接民主主義とか、間接民主主義とかを考えずに、民主主義そのものを検討する必要がある。民主主義をその全体において取り上げ、友愛と民主主義との関係は何かを考察すること、民主主義を現に確立している根本原理、これまでもつねに民主主義の中に存在していた根本原理は何かを考察することだ。
　というのは、民主主義というのは、わたしとしては——あなたとしても同様だと思うが——権力の政治的一形態、ないしは権力の生み出し方の政治的一形態というだけではなく、生そのものであり、生の一形態であるように思われるからだ。
　民主主義的に生きること。他のいかなるものでもなく、こうした生の形態こそ、わたしから見て、現在、人々の生き方となるべきだと思うね。人々が現在、民主主義のなかで、民主主義的に生きているのかどうかを知る必要があり、民主主義というのは何を意味するのかを知る必要がある。手始めに、この言葉をそれじたい、あるがままの形で取りあげ、民主主義の観念をまずその政治形態において——というのは、それがいちばん単純な形態だからだが——検討する必要があると思う。
レヴィ　それがいちばん単純な形態だからではない。政治形態しか存在しないのだよ。

8　政治よりももっと根本的な

サルトル　民主主義という言葉には、ひとりでにすたれてしまった意味がある。語源的には、人民による統治ということだ。ところが、現代の民主主義には、統治する人民がいないことは明らかだ。なぜって、人民なるものが存在しないのだからね。《旧政体》《アンシャンレジム》下にも、一七九三年にも、(1)人民がいた。いまではもう、人民がいない。というのは、分業によって完全に個人化され、他の人間とは仕事の関係以外、何の関係もない人間たち、五年か六年か七年に一度、名前の書いてある紙っ切れを取りに行って、この紙っ切れを投票箱に入れるという、はっきり定められた行為をしている人間たち、そういう人間たちの生き方を、人民とは呼びえないからだ。人民の権力が存在する、などとは考えられないな。

一八世紀の、大革命の時代には、今日あるような生活の細分化が、まだなかった。いま人が投票をするとき、それは《恐怖政治(2)》の時代や、それ以前に暮らしていた人間の投票とは、同じ意味を持っていない。つまりそれは、自分の仕事とも個人的な関心全体ともつながりを持たない、断片的な活動なのだ。
　一七九三年になされた投票は、ぜんぜんこんなふうなものじゃない。それは、生のなにかしら特殊的な行為じゃなかった。じっさいにそれは、その行為のために政治をする、その行為のためにいわば存在する、そんな行為だった。投票は変わってしまったね。だからわれわれは、フランス大革命とくらべて前に進んでいるのではなく、失速状態にあるわけだ。

レヴィ　本当かな。逆にこうは言えないかな。普通選挙の経験はすでに古く、それをとおしてわれわれは、熱い部門から冷たい部門にいたる道程をすべて踏破したのだ、と。たしかに、投票は熱い時点から始まった。いまでは冷たくなっている。だがあえて言うなら、投票はすくなくとも、熱さと冷たさとのあいだの関連づけを可能にしたのだ。ところで、われわれはまさにそのことを、「選挙は見え透いた罠(3)」と叫んで否定してきたのだ。その点に、誤りはないだろうか?
　たしかに、いろいろな時期があったし、いまでもいろいろな時期がある。たとえば、ポルトガルのカーネーション革命のすぐあとだ。あの最初の投票(4)は熱い投票だ。四〇年近くのあいだ、彼らは投票をしたことがなかったのだから。いまでは、投票が熱い状態から冷たい状態にむかっていることを、わたしたちは知っている。けれどもまさにその点に、熱い状態から冷たい状態にむかうという点に、わたしたちが解決したい問題がある。

投票が最終的な解決でないこと、これは、たしかにそうだと思う。なぜって、熱い状態から冷たい状態に向かって、だんだんと熱を失うのだからね。これはそのとおりだ。ただわれわれは、「熱くなれ、熱くなれ、なまぬるいのはぶっ倒せ」とわめくだけの、贋の解決法は拒んでいる。普通選挙には、数的統一性、系列の全体を示して見せるという点で、すくなくとも一つの長所がある。《万人》というカテゴリーを抜きにしては、《友愛》はもう何も意味しなくなるわけだが、普通選挙は、このカテゴリーを回避してはいないのだから。

サルトル　投票することがどうしても認められなかった（選挙権がなかった）階層《カテゴリー》の人々がつねに存在したことは、了解しておこう。

レヴィ　賛成だ。ただそこで、まさしくね、よき徹底主義、よき徹底化の一例が出てくる。一九世紀と二〇世紀の一時期に行われた戦闘(5)は、すべて普通選挙を徹底化させるためのもの、選挙の普遍性の完全な広がりを獲得するためのものなのだ。万人という言葉に、より実効的な意味を与えようとして。

サルトル　そのとおりだ。ただし、こういう疑問が出てくるかもしれない。万人とはいったい何を意味するのか、と。たとえば、投票制度の意味は何なのだろう？　言いかえれば、投票の結果生じるのは、憲法であり法律であり、要するにあなたが言ったように、万人である一種の仕方であるわけだが、だとすると、投票箱に投票用紙を入れに行くいろいろな人間同士のあいだにある関係とは何なのか？

ところで、投票にさいして争点とされたのは、人間相互のある関係だった。投票がこれから行われるべきものとしてある以上、まだ投票とはなっていない関係だった。それは、各人が、各投票者が、ある環境で、ある集団内で、人間たちとともに生きているという事実だった。

こういったものがすべて、すくなくとも一部は、たとえば思想の次元で彼を条件づけており、もっともらしい通説を、外から彼の内部に導き入れている。のちに彼はこれを、投票をとおして表現するわけだ。であるから、投票以前に、人間相互のあいだの最初の関係があるわけで、それがないなら、投票は可能でなくなるだろう。投票に行く人間たちとは、同じ地域の、同じ家族の人間たち、長年来、共通の思想を持っている人間たちなのだ。要するに、投票とは、こういったことすべての表現でしかないのさ。

レヴィ　マルクスがすでに言ったことを、あなたは繰り返して言いたいのか。すなわち、投票とは政治的人間の表現で、ある根本的な表現、具体的社会関係の、生産関係の表現から派生したものだ、と。(6)

サルトル　ある意味ではね。ただし、わたしは、根本的関係が生産関係だとは考えない。たしかに、投票にくらべれば、生産関係は根本的だと思う。労働者地区というのがあり、それは集合住宅としてつくられていて、そこには普通、同じ職種の者がかたまっていて、それが投票に行くことになる。

けれども、こういうことは、わたしにとって本質的なことじゃない。人間たちのもっとも深い関係とは、生産関係をこえて彼らを結びつけるもの、のことだ。彼らがお互いに対して、たんなる生産者とは別のものであるようにならしめる、何かしらだ。彼らは、人間なんだよ。これこそ考察に努めるべきことなんだ。

人間であるとは、何を意味するのか？　同じように人間である隣人との関係において、法律や制度をつくり出すことができる。投票によって自分を市民となすことができる。これは、何を意味するのか？　マルクスがしているような、上部構造についての区別は、すべてなんともあざやかな仕事だが、完全に間違っている。なぜなら、人間の人間に対する根本的な関係とは、これとは別のものだからで、それこそ今、わたしたちが見いだす必要のあるものなんだ。

レヴィ　あなたは、『弁証法的理性批判』のなかでそれを見いだそうとしたのでは？

サルトル　それを探ってはいた。けれど、それとは別のこともね。それに、第二巻を書かなかったわけだ。あなたも知ってるとおり、『弁証法的理性批判』から脇道にそれてしまった。というのは、自分の内部でまだ熟していなかったのだろうね。うまく乗り切ることができなかった。理由は、まさにこれだ。

そして重要なのは、まさしく、もしも社会というものを、『弁証法的理性批判』のなかで考えていたように今でも考えるなら、そこでは、友愛にはほとんど場が残されないということだ。逆に、社会というものを、政治よりもいっそう根本的な人間相互の絆から生ずるものとみなすなら、そのときは、人々は友愛（兄弟愛）関係というある種の根本的な関係を持っているに違いないし、持ちうるし、持っている、とわたしは考える。

レヴィ　なぜ友愛関係が根本的なのか？　われわれはすべて、同じ父親から生まれた息子だというのかい？

サルトル　いや違う。そうじゃなくて、家族関係が、その他すべての関係にくらべて根本的だということだ。

レヴィ　われわれは一家族をつくっている、と言うのか？

サルトル　ある意味では、われわれは一家族をつくっているのさ。

9　母親の息子

レヴィ　その根本的血縁関係なるものを、あなたはどんなふうに理解してるのか？

サルトル　各人にとって、誕生というのは隣人にとってもまったく同じ現象なので、ある意味で、言葉をかわす二人の人間は同じ母親を持っている、ということだ。

なるほど、それは経験的に知られる母親ではない。目もなく、顔もない母親だ。それはある種の観念なのだが、その観念はわたしたち二人のものであり、それに、他の誰のものでもあるのさ。同じ種族に属するとは、いわば同じ先祖を持つということだ。この意味でわれわれは兄弟なのだ。それに、人々が人類を定義するのはこういうふうにしてやるので、生物学的特徴によってというよりも、人間相互のあいだに存在するある種の関係、つまり兄弟関係（友愛の関係）によってなのだ。同じ一人の母親から生まれた、という関係によってなのだ。そういうことを、わたしは言いたかったのだ。

レヴィ　プラトンの(1)『共和国』のなかで、ソクラテス(2)は正義の都市国家《ポリス》のありとあらゆる条件を規定し終えたところで（各階級にその場が与えられ、普通ならこれですべてが終わっていた）、彼はこう付け加えている。

「おや、おや……わたしはまだ言うことがある。言いづらいのだが、言わざるをえないだろう。さらにもう一つのことが必要なんだ。これらすべての人々に、自分たちが兄弟であると信じさせる必要がある。自分たちすべてが、同じ母親から生まれた息子だと信じさせる必要がある。そして、この母親とは大地だと言おう。そう言っておこう。そしてそうだとすれば、人々は、自分たちはすべて同じ大地から生まれてきており、したがって自分たちはすべて兄弟だと信ずるだろう。たしかに各人を構成するもののなかには、違うまざり物が入っていて、それによって、ある者が戦士になり、ある者が農夫になり、ある者が司法官になるということが説明される。けれども、けっきょくのところ、彼らはすべて兄弟なのだ(3)」

というわけで、母親の観念、あなたのいう母親というのは、まことしやかな嘘、ないしは臆面もない嘘によって、ギリシャ人が意味する大地になる危険がある。近代人が意味する大地、すなわち、国家《ナシオン》になるかもしれない。

サルトル　わたしはソクラテスのその言葉を、まったくまことしやかな嘘である、というふうに受け取ったことはないな。彼は、人間たちは兄弟だとじっさいには言おうとしているのだ。ただ彼は、あるべき形でそれを言い表すことには成功していない。その文章に与えるべきだった真理の様式を定義することには。それで、これを神話にしてしまっている。

レヴィ　わかった。ソクラテスの意図を救い出せるわけだ。とはいっても、やはり彼は最後の困難に突き当たって、そのため体系全体が危うくなっていることに変わりはない。共にある在り方の最重要なもの、すなわち友愛に至ろうというときに、思想はこうした神話への転落から、いかにしてまぬがれうるのか？

サルトル　これは神話ではない。友愛というのは、人類の成員相互の関係のことだ。

数千年前、最初の社会的区分は親族集団《クラン》で、そのトーテム(4)によって特徴づけられた。トーテムは、親族集団全体を包括するなにものかだった。部族の成員全員に対して、お互いのあいだにある深い現実性を示し、たとえば彼ら同士で結婚することをさせなくする何ものかだった。そして、このときの関係とは、友愛の関係だった。

わたしが言いたいのは、親族集団という重要な考え方、たとえば彼らすべてを生み出したに違いない一匹の動物に発するその母胎的統一、といったものこそ、今日再発見すべきだということだ。というのは、これは真の友愛だからだ。ある意味で、おそらく神話だったのだろうが、それはまた真理でもあったのだ。

レヴィ　あなたは、ソクラテスの思考の動きを繰り返しつつあるのではないかな？すなわち、困難にぶつかって、神話に頼っているのではないか？

サルトル　違う。そうは思わない。なぜなら、わたしがここで言いたいのは、こういった神話が集団の成員によって作り出されたのは、自分たち相互の関係、すなわち集団の関係を説明しようという、ただその目的にのみよるということだからだ。言いかえれば、彼らは自分ではそうと知らずに、彼らすべてを生み出した一匹の動物を作りだした。したがって、自分たちはすべて兄弟だと言っているわけだが、それは、なぜなのだろう？
　彼らが、もともと兄弟だと感じていたからさ。だから、そうなると、作り話がこの友愛（兄弟愛）に一つの意味を与えたにしても、この作り話が友愛の意味を生み出したわけではない。まったく逆なんだ。

レヴィ　けれども、われわれの問題は、友愛というこの根源的な思考を言い表すのに、神話に頼らないということだ。ソクラテスが陥った罠に陥らないようにするには、どうしたらよいのだろうか？

サルトル　べつに罠に陥りゃしないよ。誰もが同じ一人の女——トーテムによって表象されている女——から生まれたというかぎりで、親族集団のなかで兄弟なのだ。彼らはすべて、一人の女性の性器から出てきたという意味で、兄弟なのだ。それにけっきょくのところ、このばあいは女性の個性ということは想定されていない。それは単に、生殖をする性器と、授乳をする乳房と、子供を背負うかもしれない背中とを持つだけの女なのだ。この母親とは、トーテムの鳥であるかもしれないのだ。

レヴィ　しかしあなたは、生物学的起源に訴えることを止めようとしない。そうでないなら、いまわたしたちは友愛と言っているのだけれども、他のどんなことでも言えるわけだ。たとえば、平等とね。ところでじっさいは、あなたは友愛の観念に執着しているとわたしはにらんだ。以前みたいに、平等の観念にではなくね。だとするなら、（友愛の観念に含まれる）生物学に訴えることをしながらも、もはや生物学的ではない次元、神話的でもないような次元に展開される思考形態を、見いだしえなければならないのだ。

サルトル　そういうことだ。そこで、一人の人間と他の人間とのあいだにある関係、友愛と呼ばれるこの関係は、いったい何なのか？　それは、平等の関係ではない。行為は実践的領域にあるのに、行為の動機は感情的領域にある、そういう関係だ。言いかえれば、人間とその隣人が兄弟であるような社会における両者の関係とは、まず感情的で、実践的な関係だということだ。与え合う（don）、という関係を再発見する必要があるね。なぜなら、感受性はもともと、万人にほぼ共通しているのだから。

一人の人間を目にするとき、わたしはこう考える。あいつはわたしと同じ起源の持ち主だ。わたしと同じように、言ってみれば人類という母親を起源にしている、ソクラテス流に言うなら、大地という母親を起源にしている、と。ないしは……。

レヴィ　それじゃ、母親とは、人類とは、大地とは何なのだ？　話はあいかわらず神話のなかにとどまっている。神話的次元と手を切る方法があるのか？

サルトル　神話的でないのは、現実的なのは、あなたのわたしに対する、わたしのあなたに対する関係だと思う。人間のその隣人に対する関係、これを友愛と呼ぶのだ。なぜなら、両者は同じ起源だと互いに感じているのだから。彼らは同じ起源を持っている。そして、未来においては共通の目的を。起源と目的をともにする、これこそ、彼らの友愛をつくりだすものだ。

レヴィ　本当の経験、考えうる経験の話をしているのか？

サルトル　わたしの考えでは、本当に考えうる全体的経験が存在するのは、万人が自分のうちに持っている目的、大文字の《人間》が実現されるときだ。そのときには、こう言うことができるだろう。生み出された人間はすべて、母親なり父親なりの性器によってではなく、数千年来講じられてきた措置、そしてついに《人間》に到達している措置の全体によって、共通の起源を持つだろう、と。そのときは、本当の友愛ということになるだろうね。

レヴィ　わかるけど。それで、今日その最終項をあらかじめ告げているものは、何なんだい？

サルトル　まさしく、倫理が存在しうるという事実だ。

10　暴力の息子

レヴィ　神話に頼らずに、われわれの現在の経験のなかで、どうやって友愛を語ることができるのか？

サルトル　友愛は、けっきょくのところ未来にあるからだ。だから、つねに過去のものである神話に頼る必要は、もうないのさ。

友愛とは、人間たちが、われわれの歴史全体をとおして、お互いに感情的にも行動の面でも結びついていると思いうるとき、お互いに対してそうなるであろうところの関係だ。［そこに］倫理は欠くべからざるものだ。それは、次のことを意味する。人間たちは、ないしは人間以下の存在は、その周囲に、物質性、つまりは稀少性(1)に根ざした未来が描かれているると同時に、共同行動の諸原則に根ざした未来を持っている。

すなわち、わたしが持っているものはあなたのものであると同時に、あなたが持っているものはわたしのものであって、もしわたしが欠乏するならあなたがくれる、あなたが欠乏するならわたしがあげる。これが倫理の未来なのだ。

次に、人間たちにははっきりした欲求があるが、外部の状況は、彼らがこうした欲求を実現することを許さない。つねに必要とする以下のものしか存在しない。欲求に対して必要以下の食糧しかないし、この食糧の生産にかかわる人間そのものが、必要以下しか存在しない。要するに、われわれは稀少性という現実の事実によって取り巻かれている。われわれには、いつでも何かが欠けているのだ。

したがって、どちらもともに人間的といえるが、両立しがたいように思われる二つの態度があり、これを同時に生きるべく試みる必要があることになる。第一に、別の条件はすべて無視して言えば、人間を実現し、人間を生み出そうとする努力がある、これは、倫理的な関係だ。次に、稀少性に対する闘いがある。

レヴィ　そこから、『[弁証法的理性]批判』によれば、暴力が出てくる。(2) まさに、あなたが『地に呪われたる者』(3) の序文で書いていることを、思い出してほしいんだ。あなたは植民地原住民について、こう言っている。「暴力の息子である彼は、暴力のなかから、おのれの人間性をたえず汲みあげてくる」と。「母の息子」とは書いていない。違う。「暴力の息子」と書いた。暴力が、産婆役なのだ、エンゲルスのばあいと同様に。

サルトル　それは違う。

レヴィ　どうして違うのか、わからないね。けれど、いまわたしの問いは、こういうことだ。人類は暴力のなかで、このようにしておのれを生み出すことができるのか？　わかってほしいが、暴力は存在するのかしないのか、という質問をしているのではない。あるばあいには暴力が必要なのか、あるいはそうではないのか、と質問しているのでもない。そうではない。わたしの問いは、もっとしぼられている。暴力は、贖罪的役割を本当に持つことができるのか、暴力は、あの時期、あなたによって与えられていたあの創設的な機能を持ちうるのか？

サルトル　『地に呪われたる者』の序文で語った、アルジェリアの例(4)をあげるなら、わたしはまず第一に、暴力による解決策以外のいかなる解決策も、まったく問題になりえなかったことを確認するね。植民者たちは、アルジェリア人たちが受け入れることのできるような、たった一つの解決策も検討しはしなかった。お互いにまったく相対立する二つの観点があって、それは暴力しかもたらしえなかったのだ。この暴力は、あなたも知ってるとおり、植民者たちの送還をもたらし、彼らはフランスに帰ってきたわけだ。

レヴィ 問いに答えてないじゃないか！

サルトル まあ待てよ。たしかに、いろいろな段階を飛び越えさせ、いわゆる人類に近づけさせるのは暴力じゃない。暴力はただたんに、人間になることを許さなかったある種の奴隷状態をぶち壊すだけだ。暴力によって植民地原住民の性格、つまり奴隷的性格が消滅したそのときから、ある種の強制にもう忍従しない、人間以下の存在がいるだけなのだ。彼らは他の場所で、たとえば、アルジェリアで他の強制にぶつかるかもしれないが、こういったことすべてを超えて、有権者市民（citoyen actif）に近づこうと試みている。もっとも、この有権者市民じたいにしても、植民地化された人間以下の存在からと同じぐらい、人間からも遠く離れているのだがね。

レヴィ あなたはこう言っていた。「彼らの友愛（兄弟愛）は、彼らがわれわれに対して抱く憎悪の裏側である。誰もが殺しているという点で、彼らは兄弟なのだ」と。あなたはもう、この意見をとらないのか？

サルトル　もうその意見をとらない。

レヴィ　友愛の経験が現れるのは、敵を殺すということのうちにおいてかどうかが問題だ。

サルトル　答えはノンだね。しかし、じつを言うと、暴力と友愛との真の関係が、わたしにはまだはっきりとわからないのだ。

レヴィ　彼らが兄弟であるのは、暴力の息子としてなのか？　あるいは、まず友愛を発見し、次に、その他の手段によっては超えられないある種の障害にぶつかって、追いつめられる。そこで、それじたいとして倫理的な目的性はないが、限定されたいろいろな形の暴力、友愛の経験から出てくる暴力を行使する、ということなのか？

サルトル　倫理にとって必要なことは、友愛の観念を、それがあらゆる人間相互のあいだの、唯一で明白な関係になるまで拡大することだ。この関係は、第一に集団の関係、本来は小集団の関係なのだがね。いずれにせよ、家族の観念に結びついているものだ。はるか昔においては、友愛とはこれだった。それは、集団ごとに閉じられている。そしてまさにこの集団、すなわち友愛を内部に結びつけているこの境界、これを打ち壊そうとする他者、ないしは他人たちの力こそが、暴力を生み出すのだ。まさしく、友愛の反対物を。いまなら、以上のように言うだろうね。

レヴィ　あなたの本のなかには、暴力の倫理といったものへのあの強い志向があるけれど、それをあなたはどう説明する？　たとえば、『地に呪われたる者』の序文で、暴力をあのように称賛したのはどうしてか？

サルトル　このばあいにかぎって、アルジェリア戦争とインドシナ戦争がその理由だ、と言おうか。この二つの戦争は、わたしにひどく嫌悪感を抱かせたからね。というのも、あなたも知っているように一九歳のとき、わたしはたったいちど政治に反応しただけだったが、それは植民地支配[5]に対するむかつきだったのだから。植民地支配から脱け出しうるための唯一の道と見えたのは、暴力だった。正当と呼んでいい暴力、植民地原住民による植民者に対する暴力だ。

レヴィ　でも、あなたは度を越している。《意識の透明》、《生まれながらの統一[6]》、つまり重要なものはすべて、銃口によって獲ち取られるなどと！　われわれ毛派も、『人民の大義』の社説では度を越していた［経営者の監禁を支持したことなど］が、あえて言うなら、それは無理もなかった。活動家の愚かさということになる。けれども、あなたのばあいには何に駆り立てられて？

サルトル　そのころわたしは、ファノンと会っていた。彼は、おそろしく荒っぽい男でね。そのことがきっと、表現の仕方に影響したのだろう。それから、われわれが厄介な状況に置かれていたということもある。

何といっても、われわれはフランスを敵に回し、アルジェリア人と共に闘っていたのだし、そのうえ彼らの味方をしていたにもかかわらず、アルジェリア人はわれわれにあまり好意を持ってくれなかったのだ。それで、われわれはかなり特殊な状況に置かれていて、それがこの文章に表れている。気詰まりな状況、しだいに荒々しい気持ちになり、そのほうが容易だったということで断固とした態度をとる、そんな状況だった。フランスは、わたしにとってやはり存在している何かなのさ。自分の国を敵に回すのは、愉快ではなかったのだ。

レヴィ　それにこの文章について、いつだったかあなたは、まず下書きをし、次に文体を選びに選んで、いっそう激しいものになるよう徹底的に推敲した、と言っていた。とするとあなたは、母親がピアノをひいているあいだ、剣を片手に居間で戦《いくさ》をしているプールーちゃん[7]にまた戻ったというわけだ。

サルトル　幼いプールーは自分自身のためと、悪漢に対しても闘っていたのだからね。これを忘れては困る。

レヴィ　新たなるパルダイヤン[8]が『地に呪われたる者』の序文を書いている。

サルトル　たしかに、少しそんな感じがある。

レヴィ　レジスタンスに関する文章のなかでは、あなたは暴力を賛えてはいないけれど……。

サルトル　車両を爆破したレジスタンスの活動家も、ものを書いていた連中も、同じだったんだ。アルジェリアのばあいには、その両者は別だ。それが違いさ。（レジスタンスのころは）わたしが鉄道を爆破しようがすまいが、いずれにせよ、みな同じように巻き込まれていたのだ。

レヴィ　ドイツ軍の占領下、敵はまるで獣《けもの》だった。なぜあのとき、あなたは、再生的暴力[9]の倫理学を練り上げなかったのか？

サルトル　あのときはわれわれ自身、直接的にであれ間接的にであれ、暴力をふるう人間になっていた。それにあのころはね、前にも言ったように、何といってもフランスという国は、戦前は暴力に対する深い嫌悪で形成されてしまっていたので、その国にいながら、「暴力は素晴らしい、暴力をふるうのは正しい」などと好んで言う連中の仲間にはなれなかったのだ。暴力を行使するとき、殺人を犯したり爆弾をしかけたりするのは、余儀なくやること、ほとんど必要悪のようなものと見なさなければならなかった。

レヴィ　必要悪と見なしていたのが、どうして考えが変わって……。

サルトル　アルジェリア人をじっさいほど暴力的ではないと見たり、そう願ったりするなら、わたしは他のフランス人と妥協していたことになったろう。わたしはフランスに、また取り込まれてしまっていただろう。だからアルジェリア人を、フランスによって虐待され、痛めつけられている人々として見る必要があったのさ。フランス人は不当であるがゆえに、これと闘っている人々と。

たしかにわたしはフランス人で、集団的責任というものがある以上、他のフランス人と同様、彼らに対して不当なのだが、しかし同時に――この点で自分を他のフランス人の大部分から区別するのだが――わたしは、あの虐待された人々のフランス人に対する闘いを、良しとしたのだ。

レヴィ　言葉の暴力に訴えたのは、国民としてわが身に鞭を打つ必要があるから？

サルトル　幾分かはそうだ、幾分かは、たしかに。

11　反乱による統一

レヴィ　現在、われわれの問題は単純だ。革命の観念がテロリズムの観念と一体化してしまったら、革命はおしまいだ。革命の観念に、できれば意味を与え直したいが、そのためには友愛―恐怖《テロル》と手を切らなければならない。もちろん、革命の観念をすっかり捨て去ることを選ぶこともできる。革命の観念を、きわめて高くついた抒情的幻想と見なすこともできる。

これに対しては、二つの異議がある。第一に、さまざまな反乱が現に起こっているという事実からの異議。第二の異議は、反乱の正当性にかかわっている。この正当性は、われわれが社会性への欲望（désir de société）と呼んでいたものに由来する［三〇ページ参照］。人類の統一は社会の現状のなかで実現されている、という幻想に抗して――この幻想のほうはまったく抒情的ではないけれど――反乱は根本的な真の問題を提起している。つまり、統合（unification）という問題だ。人類の企ての統一（unité）を実現すべきなのだ。カントは、倫理的共同体という観念を、人間たち全体という理想に帰着させているが、(1) これが正しいとするなら、そのとき反乱は、倫理的秩序への呼びかけということになる。見捨てられていた人々が自分の声を聞かせるのだからね。

サルトル　その考えを詳しく展開してくれよ。

レヴィ　反乱という行動を分析し、そこからいくつかの要素、あるいは契機を見分けてみるべきではないだろうか。友愛は、長い成熟期を経てまず現れる。友愛という出来事は、人間的なものとして生きられる関係が誕生することのうちに存する。もちろんここで、七月一四日（一七八九年のフランス革命）から、われわれがみな学んだことを念頭に置いてもかまわない。

けれど、もっと最近のところでは、フーコーが、テヘランの街頭に一般意志(2)をいわば見たと言っていた。この時点では、何らかの形の暴力を用いることは、帝王切開のような手術に似通っている。誕生に対する障害物を除去するのだ。友愛という出来事は暴力に訴えることによって主として支えられている、などと説くのは、いわば、子供が生まれるために必要なのは男女の結びつきと胎児の成熟ではなく、本質的に重要なのは鉗子《かんし》手術だと言うことにひとしい。
　もちろん、反乱行動のさなかに、何らかの転換が生じるということがある。一九六八年の五月の反乱のときには、それがはっきり見られた。そうなるともう、友愛という出来事の意味をつくるのは出現、誕生ではなく、対決となり、ジョルジュ・バタイユ[3]が与えた意味での、社会的でもありエロチック[4]でもある亀裂（裂け目）となる。以上が、聖なるものの契機、友愛―恐怖《テロル》の契機[5]なのだ。

サルトル　あなたは、他者が——敵のことだが——つねに行動していることを忘れている。あなたが述べた二つの契機のおのおのが姿を現してくる、その仕方を誘発しているのは、他者の行動なんだよ。

レヴィ　《誘発する》（provoquer）という語には、注意してもらいたいな。第一の契機においては、デモ隊の人々にとって機動憲兵または兵士は——どちらでもいいのだが——実質上、他の人々と同じく兄弟だ。
　たしかに、取り除かれるべき障害に同一化〔国家権力と一体化〕している限りでは、こうした兵士は迷える兄弟で、本当に兄弟だとは思えない。しかし、いずれにしても、この出来事において本質的なことは、こうした友愛の形成なのだ。それは、反乱の巨大な力を生み出す。奇跡も同然の力をね。この時期には、憎悪がほとんど全面的に存在しないことが見て取れる。繰り返すけれど、兵士に対する憎悪もだ。

それに反して、たしかに第二の契機、聖なるものの契機においては、亀裂が本質的なものになるので、そう、反乱者から、反乱者に向かって発砲する警官へと、一種のつながりができる。ある意味では、反乱者は敵を必要としているのだ。亀裂があるためには、上下の唇が互いに他を必要とするようにね。とするとたしかに、反乱者に必要な統一、彼らが一体になることを可能にする統一を与えているのは、抑圧の激しさだということになる。もはや、そもそも兄弟同士なのか、それとも兵士を攻撃するかぎりでのみ兄弟同士なのか、よくわからなくなる。敵のほうがこちらに統一を与えているのだろうか？　それとも、こちらが積極的統合を企てたのだろうか？　二つの事柄が、それ以後は区別がつかなくなるのだ。

したがって、反乱の統一は対決のおかげでつくられる、という考え、結束した敵、《他者》に立ち向かうことによって自分たちの兄弟関係がうちたてられる、という考えは、明らかに、先ほどわれわれが批判した過激化（徹底化）をもたらすだろう。それは、反乱者の一種のマキァベリズムで、反乱の兄弟たちの隊列を強化するために、敵を挑発するようになる。
しかし、この隊列という観念が、すでに友愛の経験の退廃を示してはいないかな？　いくつかの分派ができて互いに非難しあい、惰性的になり、長いあいだ隠されていた問題が解決できなくなる。そのときに、このうえなくみごとな武器が用いられる。つまり、《他者》への憎悪——一七八九年の貴族とか、（現在の）イランにいるアメリカ人とかへの憎悪だ。じっさいには、統合の積極的な企ては停止しており、旧権力によって生み出されたこうした消極的な形の統一に頼ることは、この停止に気付かぬ振りをすることだ。革命政治がゆがんだ姿で適用される場がここにある。

サルトル　それが第三の契機だな。

レヴィ　そう。この点で、レーニン主義はよい例だ。レーニン主義は、積極的経験を引きあいに出す。それが舞台の下手《しもて》さ。けれどもレーニン主義は、（上手《かみて》では）全面的に消極的統一に基づいて作用している。レーニン主義にとっては、権力の統一を複製して、鉄の統一を築くことが大事なのだ。積極的統合の企てが苦しくなってくると、レーニン主義は恐るべき効果を発揮する。

一九六八年に、われわれは、これとは違うことを目にしたのではなかったか？　政治権力の空白という条件のなかで、人間の結集を考えねばならぬということを？　これはどういう意味か？　権力を否定することか？　もちろんそうではない。権力は絶対的な悪であり、したがって権力から遠ざかるべきだと考えることか？　断じてそうではない。そうではなくて、権力の空白とは、政治的な意味での権力の下にある空隙が作られたという認識、こうした権力には根拠がないという認識にすぎない。だがこの認識は重要なことなのだ。

これこそ、反乱の第一の契機のみごとな発見だ。これこそデモ隊の人々に、「すべては可能だ」と言わせるものだ。そして、すべてが可能だというのは、ある意味で本当なのさ。どうやってこの発見が、政治的妄想のなかに沈んでしまわないようにするか？　おそらくこう答えるべきだろう。その発見を絶対化しないことだ、と。反乱とは、人間の統合の長い企ての一契機、友愛の経験の一面にすぎないのだ。母親に対するわれわれの関係の一面、とあなたなら言うかな。

サルトル　あなたが説明した、暴力の現れる三つの契機に、わたしもほぼ賛成だ。ただ、最初の二つの契機、いや第三の契機も、もっとつきつめて説明してもらいたい。

だがそれは、倫理思想の研究にあてているあの本のなかでやることにしよう。さしあたっては、無条件に賛成しておこう。留保すべき点は、そのとき［本のなかで］述べよう。(6)

12　現実のユダヤ人と「一者」

レヴィ　革命的群衆に対して、ユダヤ人にはある種の警戒心があるけれど、そのことの意味に今まで、おそらくじゅうぶんに注意が払われてこなかった。この警戒心のなかに隠されている真実が、たぶん全面的には問いただされてこなかった。ユダヤ人、とくにキリスト教社会にいるユダヤ人は、革命的群衆の陰にユダヤ人を迫害する群衆がいることを予知できなかったのだろうか？　われわれがいま批判を試みている、いわば頽廃について、ユダヤ人は体験をしてきているのではないだろうか？

サルトル　一九一七年の共産党には、そうとうな数のユダヤ人がいたことを忘れるなよ。ある意味では、革命を導いたのは彼らだとも言えるのだ。してみると、そこに、あなたの言っていることの趣旨には完全にはそぐわないものが何かある。

レヴィ　わたしが言っているのはもちろんユダヤ人、ユダヤ人のままであるユダヤ人のことだ。群集が、自分たちを神秘的な団体と思い込んでいるとき、ユダヤ人は自分が脅かされていると知る。自己の体験からユダヤ人は、大衆を純粋な抵抗勢力と考えることができない。逆に、革命運動のなかの真実の友愛の領域にあるものと、聖なるものやテロリズムの脅しの領域にあるものとを、識別することができる。

そこから、わたしたちはこういう結論へと導かれないだろうか。ユダヤ人の体験は革命を考え直すために重要であり、この体験の重要性を認識せねばならない、と。ユダヤ人は、われわれの問題に二重に関係している。ユダヤ人は、まず革命という観念の源に、ありとあらゆる頽廃があるにもかかわらず救世主《メシア》思想(1)があることを確認するに違いない。それから他方、ユダヤ人は、この思想の頽廃に苦しむ絶好の位置にいるということ。したがって、一つの仕事が課される。この思想を本来の形で理解し、その意味を復活させるということだ。

サルトル　間違ってはいないと思う。

レヴィ　この点から見ると、現在の知的状況は危険だ。あちこちで救世主《メシア》思想が、われわれユダヤ人の諸悪の根源にされているみたいなのでね。《新右翼》が救世主思想を標的にするとき、これは商売だ。もっとも重大なのは、左翼でも同様、あらゆる救世主思想を攻撃することが良しとされていることだ。

しかし、救世主思想とは何なのか、ヘブライ人の救世主思想とは本来何なのか、考えたことがあったろうか？　ありはしない。知っているかのようにふるまっているだけだ。知らないということを、大急ぎで知らねばならないということを、いつになったら認めるつもりか？　下劣な反ユダヤ主義の根底に無知があるのだということを、これ以上忘れていられるのか？

サルトル　救世主思想は、『ユダヤ人問題』(2)を書いていたときには、わたしにとって意味のない考えだった。それが今わたしにとって豊かな意味を帯びてきたのは、一つにはわたしたちの重ねてきた対話のおかげだ。対話をとおして、救世主思想があなたにとって何を意味するかが理解できた。

レヴィ　『ユダヤ人問題』のころのあなたは、挑発的な言い方で言うなら、ユダヤ人とは反ユダヤ主義者の作り出したものだと考えていたね。いずれにせよ、ユダヤ人の思想、ユダヤ人の歴史などは存在しないと。その考えは変えたかな？

サルトル　変えていない。その考えは持ち続けている。たとえば、キリスト教世界におけるユダヤ人の、あるがままの姿の外面的な記述としてね。街角のいたるところで彼がたえず反ユダヤ主義の思想にひっつかまり、それが彼を食い荒らし、彼のかわりに考えようとし、彼自身のもっとも深いところまで彼を捕らえている、そんなユダヤ人の外面的記述としてね。

じっさい、ユダヤ人は反ユダヤ主義者の犠牲さ。ただ、わたしはユダヤ人の存在をそこだけに限定していた。けれど、知っていてそうしたんだよ。いまでは、ユダヤ人たちに降りかかる反ユダヤ主義の災禍の向こう側に、ユダヤ人の現実があり、キリスト教徒のばあいと同じく、ユダヤ教徒の深い現実があるとわたしは考えている。もちろん、キリスト教徒の現実とは非常に異なった現実だが、幾つかの社会集団とくらべると、同じ型《タイプ》の現実だ。ユダヤ人は自分を、運命を持つものとみなしている。どうしてわたしがこのように考えるようになったのか、説明する必要があるだろうな。

レヴィ　それをいま、聞こうとしていたところだ。

サルトル　(ドイツの占領からの) 解放後、前より多くのユダヤ人と付きあうようになったためだ。それ以前は、たしかにユダヤ人の知り合いはいたが、彼らと親しい関係を持ってはいなかった。その後、クロード・ランズマン[3]を知り、彼はわたしのいちばんいい友人のひとりになった。

それから、アルレットを養女にした。彼女はユダヤ人だ。それでわたしは、よくアルレットと一緒にすごしてきて、彼女がどのようにものを考えるかわかっている。そして、あなたと出会った。わたしたちは共同で仕事をしてきたし、もっとくつろいだ、もっと日常的な生活の時間もまたいっしょにしている。だから、ユダヤ人の考えていることについての見方が、前よりもっと豊かになっている。変わったのはおもに、そこのところだと思う。けっきょくのところ『ユダヤ人問題』を書くまで、わたしは反ユダヤ主義にとりわけ敵意を抱いていた。だから『ユダヤ人問題』は、反ユダヤ主義者への宣戦布告で、それ以上のものではないのだ。

レヴィ　一七歳のとき『ユダヤ人問題』を読んだのだが、そのときこの本は、反ユダヤ主義と闘いたいというわたしの願望をみごとに正当化するものとして、有効だった。けれどもそれと同時に、もしこの闘いに勝ったなら、自分が発見したいと夢見ていることが発見できるのだと、わたしに確信させてくれた。つまり、わたしはひとりの人間であってユダヤ人なのではない、ということを。この本はまた、（ユダヤ人としての）自己否認を、ある形で暗に正当化していたね。当時はそう考えていなかったが。言っとくけど。

サルトル　ありうることだ。あなたがそういうふうに感じたのなら、他の人々もそう感じたかもしれないと思う。それはまさしく、ユダヤ人の現実が（この本に）欠けていたからだ。このタイプの現実は、キリスト教徒の現実にしたってそうだけれど、けっきょくのところ形而上学的なもので、当時わたしの哲学のなかに、ごくわずかな場しか占めていなかったということだ。

自己意識というものをまず考えて、その意識からわたしは、内部からやってくるような個別的な特徴をすべて取り去り、そうしたのちに、外部から、その個別的な特徴を意識が再発見するようにした。このように形而上学的、主観的な性格を奪われたために、ユダヤ人はわたしの哲学の内部では、ユダヤ人として存在しえなかったのさ。いまでは、わたしは人間について別の見方をしている。ユダヤ人の現実が、内部においていかなるものでありうるかを知りたい、という興味を持つようになった。でも、こういうことがある。ユダヤ人を内部から理解すること、これはまったくできない。それには、自分がユダヤ人でなければならないだろうから。

レヴィ　それでは、どうしてギュスターヴ・フローベールのばあいにはそれができたのさ？［サルトル晩年の大著『家の馬鹿息子』（一三五頁の注（3）参照）のこと］

サルトル　ギュスターヴ・フローベールが、ユダヤ人のだれかれよりも、はるかに多くのこまかな事実をわたしに委ねてくれたからだ。ユダヤ人についての重要な事柄の大部分は、外国語で書かれている。とくにヘブライ語、ときにはイディッシュ語でね。

レヴィ　そんな障害は、たぶん乗り越えられただろうに。

サルトル　ヘブライ語を知らないからといって、それはフランス人にとって決定的な障害ではない。習いさえすればいいんだからね。しかし、習いはじめてから、自分にとって重要な本を読めるようになるまでに、すぐにそうとうな時間がたってしまう。要するに、わたしはユダヤ人の現実について、認識の最先端まで行けないのだ。けれども、いくつかの原理、わたしをそこまで導いてくれるかもしれない道の始まりは、思い描くことはできる。

レヴィ　しかし、『ユダヤ人問題』を書いたとき、あなたはちゃんと資料を集めたのでは？

サルトル　集めなかった。
レヴィ　集めなかったって？
サルトル　まったく。わたしは『ユダヤ人問題』を、何の資料もなしに、ユダヤ人関係の本を一冊も読まずに書いたんだ。
レヴィ　だけど、いったい、どうやって？
サルトル　自分が考えていることを書いたのさ。
レヴィ　だけど、何に基づいて？
サルトル　何にも。やっつけたいと思っていた反ユダヤ主義に基づいて、かな。
レヴィ　本などいくらでも見られただろうに。たとえば、このあいだあなたが読んだ、バロンの『イスラエル史』。あれを読んでいたら、あなたはおそらく、ユダヤ人の歴史など存在しない、なんて書く羽目にならなかったのではないか？
サルトル　バロンを読んでわかったことだが、前にこの本を読んでいても、当時のわたしの見解は揺すぶられはしなかったね。
レヴィ　それはどういうこと？
サルトル　ユダヤ人の歴史など存在しない、と言ったとき、わたしは一定の形態のもとで歴史を考えていたからだ。フランスの歴史とか、ドイツの歴史とか、アメリカの合衆国の歴史とかいうふうに。ともかく、領土を持ち、同じような他の国家との関係を持つ、主権を伴う政治的現実の歴史だ。ところが、ユダヤ人の歴史が存在する、と言いたければ、歴史というものが別のものでありうると考えねばならなかった。ユダヤ人の歴史を、たんにユダヤ人たちの世界中への散在の歴史としてだけでなく、さらにこのディアスポラ[4]の統一、ちりぢりになったユダヤ人たちの統一として、理解しなければならなかったのだ。

レヴィ　してみると、ユダヤ人はその深い現実性によって、（われわれが）歴史哲学と縁を切ることを可能にしうるわけだ。

サルトル　まさしくね。ユダヤ人の歴史が存在するばあいと、しないばあいとでは、歴史哲学は同じではない。ところで、ユダヤ人の歴史は存在する。これは明らかだ。

レヴィ　別の言い方をすれば、ヘーゲルがわれわれの風景のなかにでんと据えた歴史[5]は、ユダヤ人を切り捨てようとしたが、そのユダヤ人によって、ヘーゲルがわれわれに押しつけようとしたこの歴史から、抜け出させてくれるということだ。

サルトル　まったくその通り。というのは、ユダヤ人の歴史が存在するということは、歴史的時間のなかに、ユダヤ人の現実の統一が存在することを証明しており、この現実の統一は、歴史的領土に基づく結集ではなく、行為とか書物とか、祖国という観念をぐらない絆、あるいはここ数年来しか祖国という観念をぐっていない絆に負っているのだから。

レヴィ　あなたの考えでは、ユダヤ人の現実の、この統一はどこからくるのか？

サルトル　それがまさしく、わたしの理解しようと試みたことさ。しかしよく考えてみると、ユダヤ人において重要なことは、数千年来、ユダヤ人が唯一神との関係を持っているということだと思う。ユダヤ人は、一神論者だ。そしてそれが、複数の神々を奉じていた他の古代民族すべてと、ユダヤ人とを区別してきたものだし、ユダヤ人をこのうえなく重要に、かつ自律的にしたものなのだ。そのうえ、《神》とのこの関係は、非常に特殊だった。もちろん、神々のほうは人間たちと関係を持っていた。ジュピターは人間たちと関係を持ち、女たちと寝ていた。要するに、人間に変身したいときには変身していた。だから、そこには何ら新しいものはない。

新しいもの、それは、この《神》のなかで、人間たちとの関係に入った部分なのだ。ユダヤ人を特徴づける関係とは、彼らが《名》と呼んでいたもの、すなわち

《神》との無媒介的な関係だ。[6]《神》がユダヤ人に語りかける。ユダヤ人は、神のことばを聞く。こうしたことすべてをとおして存在する現実的なものとは、ユダヤ人と無限なるものとの、最初の形而上学的関係だ。それが、古代のユダヤ人についての第一の定義だとわたしは思う。《神》との関係によって全人生をいわば決定され、規制された人間、ということさ。そして、ユダヤ人たちの歴史全体が、まさにこの最初の関係に存するのだ。

たとえば、ユダヤ人たちの人生を著しく変えた大事件、概して彼らを、亡命者とか殉教者とかの、受苦する人々にした大事件、それはキリスト教の出現だ。つまり、唯一神を奉ずるもう一つの宗教の出現だ。したがって、二つの一神教があり、第二の一神教は——第一の一神教から着想を得、聖書を聖典にしているにもかかわらず——やはりつねにユダヤ民族を敵視していたのだ。

レヴィ　あのね。唯一神とのそういう関係とか、イスラエルのそういう運命などということが、どうしてあなたに関係があるのさ?

サルトル　いや、わたしにとって意味があるのは《名》でもない。重要なことは、ユダヤ人が今まで形而上学的に生きてきたし、今も形而上学的に生きている、ということだ。

レヴィ　では、あなたの興味をひいているのは、ユダヤ人の形而上学的な性格なのか？

サルトル　ユダヤ人の形而上学的な性格だ。それは、宗教からやってきたものだが。

レヴィ　もちろんさ。それでは、あなたの興味をひくのはそこのところか？

サルトル　そこだ。しかし、ユダヤ人が運命を背負っているという事実にも、興味がある。

レヴィ　それは同じことではないのか？

サルトル　完全に同じことではない。運命を背負っているということには、明確な意味がある。ユダヤ教は、この世界の終末ということと、これと同じ瞬間におけるもう一つの世界の出現、つまりこの世界からつくられているが、物事が違った具合に配置されているようなもう一つの世界の出現とを想定している。わたしの気に入っているテーマはもう一つあるな。ユダヤ人の死者たちは──ユダヤ人以外の死者でもそうだが──蘇る、地上に戻ってくるということ。したがって、キリスト教の考え方とは逆に、彼ら、現在死者であるユダヤ人たちは、墓場の生以外の生を持っていないのだが、いずれ生者としてこの新しい世界に生まれかわってくるのだ。この新しい世界、それが目的なのだ。

レヴィ　そんなことにどうして興味があるんだね？

サルトル　あらゆるユダヤ人が、多かれ少なかれ意識的に目指す目的性、しかし最終的には人類を統合するに違いない目的性、宗教的であると同様にじつは社会的であるこの目的こそ、ユダヤ民族だけが……。

レヴィ　あなたが、マルクスのなかで見つけた人間前史（自由の王国＝共産主義社会実現以前の歴史）の目的という観念に、どうして敏感でありえたか、これは想像がつく。この観念は、あなたの個人的投企という考えに一貫性を与えたのだ。しかし、何でユダヤ人のこのメシア思想的な目的が、今日あなたの関心を惹きうるのか？

サルトル　まさしく、その目的がマルクス主義的側面を持たないからだ。つまり、ある目的が現在の状況から規定されたうえで、ついで未来に投影されるという側面、この目的に到達しうるのは、今日ある幾つかの事実を発展させながら、幾つかの段階を経てであるということが。

レヴィ　その点を正確に言ってくれないか？

サルトル　そういう側面が全然ない、ということだ、ユダヤ人の言う目的＝終末（fin）には。こう言ってよければ、それは人間たちがお互いのためにあるという、相互的存在形態の始まりなのだ。すなわち、倫理的目的なのだ。あるいは、より正確に言うなら、それは倫理性そのものなのだ。ユダヤ人は、この世界の終末（fin）と、もう一つの世界の到来について、それは人問たちがお互いのためにあるという、倫理的存在形態の出現であると考えている。

レヴィ　そうだ。しかしユダヤ人は、あなたが描き出したような世界の終末を、倫理を引き受けるために待っているのではないよ。

サルトル　ユダヤ人ではないわれわれにだって、倫理の探究ということがある。問題は最終の目的、すなわち、倫理なるものが本当に他者との関係における人間たちの生き方に過ぎなくなる瞬間を、見いだすということだ。現在、倫理というと、規律＝戒律（règle）、命令といった側面があるが、やがてそういう側面はなくなるだろう。それに、これはしばしば言われてきたことだ。倫理とは思考の形成の仕方、感情の形成の仕方ということになるだろう……。

レヴィ　そうだ。しかし、ユダヤ人は《律法》(7)（Loi）の乗り越え――この言葉をまだ無邪気に使えるとしてだけれど――がありうると考えた。下からではなく、上からのね。この終末が準備され、そこで戒律が廃止されるのは、今日さまざまな戒律を、あらゆる戒律の思想全体を、あなたが言うようにカッコに入れる（さしあたって除外する）ことによってではない。近代の人間は、戒律を下からくぐり抜けようとした。侵犯によって、さもなければ、律法の観念などすべて無効だと宣言することによって。

サルトル　まったくその通りだ。それに、わたしにとってメシア思想が重要なものであるのは、そのためだ。それはユダヤ人がひとりで、そんなふうに考え出したものだが、非ユダヤ人たちによって、他の目標のために使うこともできるだろう。

レヴィ　なぜ他の目標のために使う？

サルトル　非ユダヤ人たち――わたしもその一員だが――の目標とは、革命だからだ。では、革命とはどういう意味か？　現在の社会を消滅させ、人々が互いに良い関係を結べるような、もっと公正な社会をこれにとって代わらせることだ。このような革命の観念は、今に始まったことではないのだが。

レヴィ　次の考えのうちのどちらかかな。一つは……。

サルトル　革命家たちは、人間的な、人々を満足させるような社会を、実現したいと望んでいる。ただ、彼らはその種の社会は事実に基礎を置く社会ではなく――こういう言い方ができるなら――権利に基礎を置く社会だ、ということを忘れている。すなわち、人間同士の関係が倫理的である社会だ。

ところで、革命の最終目的としてのこの倫理という観念、それを本当に考えうるのは、一種のメシア思想をとおしてなのだ。もちろん、経済的問題は大きなものとしてある。けれども、マルクスやマルクス主義者の考えとは反対に、まさしくこうした問題は、本質的なものではないのさ。経済問題の解決は、あるばあいには、人間同士の真実の関係を獲得するための一手段なのだ。

レヴィ　忘れないでほしいが、ユダヤ人は長いあいだ、贋《にせ》のメシア思想を経験している。ユダヤ人と左翼の人間との結合は、左翼の人間なるものを仮に定義しなおすとしても、もちろん自明のことじゃない。

サルトル　しかしそれでも、ユダヤ人の現実は革命のなかに生き続けるべきだ。それは、革命のなかに倫理の力をもたらすはずだ。

レヴィ　要するに――というのは、もう話を終わりにしなくてはならないからだが――あなたは七五歳になって、またやり始めるのか？

サルトル　じつを言うと、わたしの人生で同じことが二度起こった。絶望の誘惑ということだが。最初は、一九三九年から一九四五年にかけてだ。わたしは青春の出口にさしかかっていた。政治にはかかわっておらず、文学に専念していた。友人たち相手に暮らし、幸福だった。わたしの人生は形をなし始めていた。

そのとき戦争が突発し、少しずつ、とりわけ（フランスの）敗北とドイツ軍の占領ののちに、わたしは目の前に持っていると思っていた世界が、完全に自分から奪われてしまったと感じるようになった。悲惨と呪いと絶望の世界を、目の前にしていたのだね。けれどもわたしは、わたしの周囲によく見られた絶望の可能性を拒否し、絶望していない友人たちと結びついた。彼らは幸福な未来に向けて闘うことができると考えていた。そんな未来が存在する可能性は、まったくなかったのにね。なるほど、抵抗運動をすべきだったのだけれども、戦争の本当の運命はわれわれの外に、イギリス人やアメリカ人の手中にあったのだ……。

その点で、わたしは自分が存在していない、という感じを持った。フランス人のだれもかれも、またわたしも、日常のくだらない事柄に、言わば脅《おびや》かされていてね。それでも、ナチの占領権力が退却し戦争が終結すると信じたのは、わたしが持っていた、ある何かのおかげだ。希望さ。希望は、いつまでも負けてはいなかったんだね。

そのうちに戦争が終わった。この時期からわたしは、必ずしも幸福ではないが、しかしいろんな論争とか守るべき主義主張とかが、強く跡をとどめる人生を持つことになった。思想のほうは、ときとして、朝鮮戦争のときのように絶望に陥りそうになったが、すぐに立ち直ったな。

そのうちにもう一度、少しずつ何かが崩れだした。一九七五年になっても、わたしはまだ、六八年の五月反乱によって心を揺り動かされてしまった人間、けっきょくのところ自分の思想と六八年の思想を、あまり矛盾することなく結びつけようとしている人間のままだった。それから、国際情勢が現在のようになった。すなわち、ほとんどあらゆる国家において、少なくとも支配者レベルでは、右翼思想が勝利をおさめている。

レヴィ　右翼思想のなかには、ソ連もいれているのか？

サルトル　もちろんんだ、アメリカも、スウェーデンもだ。

レヴィ　スウェーデンも？

サルトル　そうさ。彼らの新政府[8]は、右だ。何年ものあいだ、スウェーデンは左だったのに。それに、あれは奇妙な社会だったな。われわれマルクス主義的傾向の人間は、あの体制を認めることができなかった。マルクス主義であることなく、社会主義だったのだから。いかがわしいものに見えたのさ。

　要するに、今日ではあらゆる国々で右翼が勝ち誇っている。他方、冷戦がまた始まろうとしている。アフガニスタンへの侵略[9]は、とくに気がかりな出来事だ。第三次世界大戦もありえないとは言えない。それも何より、すべてがくだらぬ原因、すべてがつまらぬ考えでの原因にもとづいて。

　地球はいま、いっぽうでは貧しい者たちの住みかだ。彼らは極端に貧しく、飢えのために死んでいる。それから他方には、少数の富める者たちがいる。彼らは以前ほど金持ちではなくなってきているが、それでもまだ、いい気でいる。

　いつか勃発するかもしれない第三次世界大戦、地球というこの悲惨な集合体、こんなことで、絶望がわたしを誘惑しに戻ってくる。いつまでたってもきりはない、目標なんて存在せず、あるのは小さな個別的な目的だけで、そのために争っているだけのことさ、という考えがね。

小さな革命は起こすが、人間的な目的がなく、人間にかかわる何かしらがない。あるのは混乱だけじゃないか。といったように事態は考えられるかもしれない。こうした考えは、絶えず人を誘惑しにくる。ことに、こちらが年をとっていて、まあいずれにせよ、自分は長くて五年で死ぬだろう、といったふうに考えられるばあいには――じつはわたしは一〇年と思っているのだが、五年かもしれないな。

とにかく、世界は醜く、不正で、希望がないように見える。といったことが、こうした世界のなかで死のうとしている老人の、静かな絶望さ。

だが、まさしくね、わたしはこれに抵抗し、自分ではわかってるのだが、希望のなかで死んでいくだろう。ただ、この希望、これを根拠付けなければね。

説明を試みる必要がある。なぜ今日の世界、恐るべき世界が、歴史の長い発展の一契機にすぎないのかを、希望がつねに、革命と反乱の主要な力の一つであったということを。それから、わたしがどういうふうに、自分の未来観として、まだ希望を感じているのかを。

原注と訳注

1　挫折を超えて

原注　「人間の行為はすべて等価である——なぜならその行為はすべて自己原因を出現させるために人間を犠牲にすることを考えているからだ——したがってすべての行為は原理的に挫折に運命づけられている。というわけで、ひとりきりで酔っぱらうのも、民衆を指揮するのも同じこととなる」（『存在と無』）

（1）「超越的」　ここでは、未来に向かって現在を超えていこうとすること。つまり、自分の存在を未来に投げかけ、自分で創造していくこと。次注参照。

（2）このあたり、ヴィクトールは『存在と無』（後注）を念頭において語っている。次に「カフェのボーイ」が出てくるのもそのため（「カフェのボーイであることを演じる」という記述がある）。

（3）『存在と無』　サルトルの主著のひとつ。一九四三年一〇月、ドイツ軍占領下のフランスでひっそりと刊行。当時はほとんど反響がなかった。サルトルはこのとき三八歳。やがて、時とともに評判を呼び、高校教師だったサルトルを一躍有名にした。『存在と無』はフランスはおろか、のちに世界的にも大きな影響を与えた。全体のテーマは、「意識の自由の存在論的証明」と、ひとまずまとめることができる。サブタイトルは「現象学的存在論のこころみ」（現象学については一二八頁注（11）を参照）。全体の構成は次のとおり。現象学を援用しながら存在の問題を考察した「緒論」。第一部は意識の根源的な働きとされる「否定」「無化」について、志向性について。第二部は、意識（「対自存在」後注）と事物（「即自存在」後注）のかかわりについて。第三部は、自分の意識と他者の意識（他者のまなざし）、第四部は、人間活動のすべてが「持つ」「為す」「在る」に集約されるとして、それをもとに実存的な精神分析を展望している。当時の「知」の常識であったフロイトの精神分析、とくに「無意識」の理論を乗り越えようとしていることに注目したい。

（4）「くそまじめな精神」とはサルトルに固有の用語で、自分を周囲の世界や役割から規定する者のこと。不安の中で自由に自分を選ぶ精神とは正反対の精神。

（5）『存在と無』でサルトルは、人間の根本的欲望として、持つ、為す、在るの三つのカテゴリーをまず設定し、最終的にすべてを在る＝存在する欲望へ、とりわけ神ないしは自己原因（一三〇頁注（2）を参照）として存在する欲望へ、と還元している。

（6）「挫折」　いわゆる日常的な挫折の意味で使われる場合と、もっと厳密に使われる場合がある。中期までのサルトルにおいては、挫折は他者との根源的な関係において、かならず現れるものとされる。他者（他人）と深く結びつこうとするとき（サルトルは「誘惑」という）、他者を自由な存在のまま、わたしのものとすることはできない。あるいは、自由な他者と自由なわたしが完全に一体化することはできない、そのために、他者との根源的な結びつきは、最初から挫折するべく運命づけられている、という。なお、晩年のサルトルの挫折の観念（およびその変遷）については、このあとの対談で多くが語られる。

（7）アンドレ・マルローの『希望』から借りてきた表現。『希望』の第一編は「叙情的幻影」と題され、「自分の叙情を見つけだし」、必ずしも実現されえない希望のために闘っている人間たちが描かれている。

（8）「人間現実」　ハイデッガー（一二八頁注（11）を参照）哲学における概念「現存在」（自己を自覚する存在）（独）Dasein のフランス語訳で、アンリ・コルバン訳の『形而上学とは何か』から借用したようだ。「実存」とほぼ同意義。日本語では「人間的現実」とも訳されているが、humaine はフランス共和国 République Française の Française と同じく同格形容詞と考えられるので「的」は不適当。

（9）セーレン・キルケゴール（一八一三〜一八五五）デンマークの哲学者。主著『あれか、これか』『死に至る病』のなかで、「実存」という概念を用いた初めての思想家とされる。サルトルも多大な影響を受けた。「絶望とは死に至る病である」という言葉が有名。

（10）**angoisse**　『存在と無』の中でひんぱんに使われている概念。キルケゴールにおいては罪の前の不安であり、ハイデッガーにおいては無の把握としての不安だが、サルトルにおいては「自由そのものによる自由の反省的把握」とされている。

（11）マルティン・ハイデッガー（一八八九〜一九七六）ドイツの哲学者。ニーチェの影響が大きい。実存主義の祖の一人といわれる。主著『存在と時間』は、「在るとはどういうことか」という存在の意味を問うた書。現代哲学のある種の「聖典」となった。ナチズムに深く加担した哲学者として批判にさらされたが、その哲学的業績をたたえる者も少なくない。初期のサルトルは自分がいかにハイデッガーから多くを学んできたか、ハイデッガーの学徒であったかと語るが、ナチズムの問題もあり、後期になるとハイデッガーからは距離をおくようになった。ハイデッガーの方はサルトルに対して批判的で（とくに実存主義解釈について）言葉すくなではあるが不満をもらしている。

なおハイデッガーもサルトルも、ともにオーストリアの哲学者エドムント・フッサール（一八五九〜一九三八）に学んでいる。フッサールは「事象そのものへ」を基本理念とし、内界とか外界とかの抽象的な概念をいったんカッコに入れ（エポケー、判断停止）、純粋に感覚にうつるモノそのものを記述していく哲学としての「現象学」を打ち立てた。近代科学と古い形而上学を厳しく批判し、「現実の生活世界」を取り戻すことを主張し、現代哲学の一大潮流をつくった。

　サルトルと現象学との出会いを、同時代の哲学者レイモン・アロンが語った有名なエピソードがあり、シモーヌ・ド・ボーヴォワールがそれを回想録のなかで語っている。「わたしたちはモンパルナス通りのベック・ド・ガズで夕べを過ごした。わたしたちはこの店のおすすめである杏のカクテルを注文した。アロンはサルトルのグラスを指さしながら、〈きみが現象学者であるならば、このカクテルについて語ることができる。しかもそれは哲学なのだ〉と言った。サルトルは感動のあまり青ざめた。それこそまさに、彼が何年も前から望んでいたことだった。つまり、事物について触れるがままに語り、しかもそれが哲学である、ということは」。なおアロンは、このとき、エマニュエル・レヴィナスという、当時は無名の著者の『フッサールの現象学における直感の理論』という本を教え、サルトルはさっそくそれをすぐ購入して読み、大きな衝撃を受けたという。なおサルトルは「フッサールの現象学の根本理念」(『シチュアシオンⅠ』)という文章を書き、フッサールからの影響を語っている。

(12)　形而上学。**métaphysique**　サルトルは『存在と無』の結論部で今後の仕事として、「形而上学」と「倫理学」をあげ、形而上学を「具体的独自的な全体としてこれこれの世界を誕生せしめる個別的な過程についての研究」と定義しているが、ここでは、一般的に存在論、哲学のこと。存在とは何かに始まり、神、精神、自由など、自然、経験、現実をこえる抽象的な世界を考察の対象にする。

(13) ゲオルク・ヴィルヘルム・フリードリヒ・ヘーゲル(一七七〇〜一八三一)ドイツの観念論を代表する哲学者。認識論、自然哲学、歴史哲学、美学、宗教哲学、哲学史研究まですべての哲学の分野を網羅的に論じ後世に多大な影響を与えた。近代国家の理論的基礎付けなど、政治哲学における考察もある。『精神現象学』『法哲学』『エンチクロペディー』『美学』などの著作。「ヘーゲルとの力比べこそがサルトルの人生の哲学的大事であった」(ベルナール=アンリ・レヴィ『サルトルの世紀』)といわれるほど、サルトルとヘーゲルの関係は深く、ヘーゲルの弁証法的論理学や歴史哲学からサルトルは多くを学んだ。

2 社会性の欲望

(1) サルトルは文学作品を、作家の自由にもとづく読者の自由への呼びかけと考え、この自由の相互認知を高邁さ(générosité)の契約と呼んでいる。

(2)「自己原因」自分が自分の存在の原因であるような存在、つまり神のこと。ヨーロッパの神学・哲学に特有の言い方。

(3)現在のフランスの政体。一九五八年ドゴール政権下に制定された。

(4)一九四六年の『唯物論と革命』以後、『共産党員と平和』(一九五二年)を経て『弁証法的理性批判』(一九六〇年、一三二頁注(12)を参照)にいたる一連の作品を指す。

(5)ヘーゲルにとってもマルクスにとっても、歴史がどこに向うか、歴史の方向＝意味(sens)は思索の中心にあった。『存在と無』の時代のサルトルの倫理は、芸術創造の倫理、あるいは存在の倫理であったが、戦後は社会的変革をとおして歴史にいかに意味を与えるか、行為の倫理を考察する方向にむかった。

(6)「同伴者」　思想的に同調したある組織に加入はしないが、ともに行動する者。ここでは、共産党と行動をともにした中期までのサルトルについての言い方。なお、「同伴者」はふつう共産党との同伴という意味で使われることが多い。以下、「党」という言葉は、主として共産党を指す。

(7)一九五四年七月、ソ連旅行後、当時の『リベラシオン』紙に五日間連載されたインタビュー記事を指す。

(8)「ハンガリー動乱」　ハンガリー語では「一九五六年革命」。ハンガリア労働者党の独裁政権に抗議するブダペストの市民、労働者のデモ・ストライキに対して、ソ連軍が直接二回にわたって武力介入。これに対してブダペストの民衆が抵抗して、多数の死者、難民が出た。

（9）サルトルはハンガリー動乱について『スターリンの亡霊』を書き、ソ連軍のハンガリー介入を弾劾して以後、共産党ともしだいに不仲になっていった。

（10）『聖ジュネ』や『マラルメ』の仕事を指すのだろう。

（11）「投企」原語の projet は「前に投げる」の意。人間は未来に向かって自分を「投げかけ」、自分を創造していく。これを「投企」という。

（12）『弁証法的理性批判』のこと。『弁証法的理性批判』は、サルトルの哲学的な主著のひとつ（一九六〇年）。一つの時代には一つの哲学しか存在しない、現代においてはそれはマルクス主義である、とサルトルは考える。しかしマルクス主義は硬化し停滞している。その知の「空白」を埋め、活性化させるために、実存主義の考え方をこれに導入しようとする。サルトルによれば、本書の目的は〈マルクスが史的唯物論の法則として「存在」と「知」の両方に保持しようとした「弁証法的理性」を基礎づけるために〉、となる。つまりマルクスの歴史観（とくに階級闘争史観）に、彼の人間論（他者論―人間疎外論）を組み込もうとした論考である。なぜ抑圧、支配、抗争、闘争が起こり、歴史は暴力でいろどられているのか。その疑問に「他者存在」という概念を導入することで答えようとした。第一巻は、1．構成する弁証法　2．反弁証法　3．構成された弁証法、という構成。これは弁証法における「正・反・合」に対応している。1．構成する弁証法は、創造的原点としての「個人的実践」をさす。2．反弁証法は、その実践の疎外態としての「実践的＝惰性態」のこと。最後の3．構成された弁証法は、この疎外態を突き破って人間が己れの自由を恢復するために、必然的に形成せねばならぬさまざまな「集団的実践」のこと。このうち、「実践的＝惰性態」という概念は重要。まさしく「自由」の反対概念として、現在も人々を支配する「貨幣」などが、その象徴的な例と考えられる。

（13）『弁証法的理性批判』は第一巻のみが刊行され、予告された第二巻は未完のまま。

（14）友愛—恐怖《テロル》は『弁証法的理性批判』の中の重要な概念。集団の各成員は誓約によって友愛の関係を結ぶが、それは同時に他者に対する権利であり、暴力でもある。これが否定的に行使されると、粛清に通ずる恐怖《テロル》となる。そしてこの両者は、誓約集団においては表裏一体の関係にある。

3 人間について

（1）サルトルの小説の代表作『嘔吐』のなかの主人公の言説。『嘔吐』（一九三八年刊）には、サルトルの主要テーマがいくつも顔を出している。そのある部分はのちの『自由への道』

（一九四五年・第一部、第二部、一九四八年・第三部、第四部）などに引き継がれていく。日記形式で書かれた作品。日記の執筆者ロカンタンは、基本的にはノマド（放浪者）だ。実在のロルボン公爵の伝記を書いているが、「もの」に触れたとき、とつぜん不快な吐き気を覚える。その後もいたるところで吐き気にとらえられることになった。「そのとき吐き気が私をとらえた。私は腰掛の上に倒れた。自分がもうどこにいるのかさえわからなかった。私は、周囲をいろんな色彩がゆるやかに渦を巻いて流れているのを眺めていた。吐きたかった。そうして、それ以来『吐き気』は私から離れず、私をしっかりつかまえている」この「吐き気」がロカンタンになぜ訪れるのか、その探索、そして世界の「真理」の発見が、この作品のテーマとなる。ある日、ロカンタンはマロニエの木の根を前にして、決定的な啓示をうける。あらゆる「もの」、そして人間が、すべて不条理、無根拠、偶然の産物であり、なんの意味もなく「実存」していること。「吐き気」は、こうした「実存」を前にした意識の反応であること……。

（2）一九四五年の講演。

（3）アルジェリア戦争（一四四頁注（4）を参照）当時の発言、『シチュアシオンV』参照。

（4）「全体的」サルトルのキーワードのひとつ。人間は「グリーンピースの缶詰の中の一粒の豆」のように、世界のなかでバラバラに並存しているのではない。人間はそれぞれ、

「分解できない全体的存在」である、と。ここには、ブルジョワ思想の指導原理が、人間を分断し、細分化する「分析精神」にもとづいていることへの批判がある。

（5）ここでは、「資産階級」「金持ち」「小金持ち」の特性である俗物性と保守性をさす。

4 われわれはいつでも倫理的に生きているのか

（1）ほんらいは法律用語。証人喚問証拠物件の請求、などの意味。ここでは、外部から訪れる要請、義務。

（2）つねになすべきことがある、という使命の観念―委任については、自伝の『言葉』の中でくわしく語られている。

（3）『家の馬鹿息子』（一九七一〜七二）今日、一人の人間について何を知りうるか。こうした問いかけに突き動かされて、サルトルはこの著作の執筆に晩年の十年間をついやした。フランスの作家ギュスターヴ・フローベールについての広範な論考。サルトル最後の著作で、本人は「小説」と呼んでいた。徹底した家族論を含む伝記的研究、心理学、哲学、テキスト論、さらには十九世紀文学史の総括的記述などを含む。第一巻では、フローベールが九歳くらいまでの「素質構成」（心身のすべてを含む生体験で、この段階では家族の構成を内面化していくだけの受動的な存在）と、そのあとの「人格形成」（自己意識の目覚めとともに外部条件を「投企」によって乗り越え、自己を統合していく段階）という考え方が重要。なおサルトルには、一人の人間の評伝としてはほかに『聖ジュネ』（一九五二年）などがあるが、量的にはその四倍あり、一人の作家が一人の作家について書いた作品としておそらく世界最長ではないだろうか。

（4）アリストテレス（前三八四～三二二）ヨーロッパの合理的な論理学を体系化し、「完成」した。その主著のひとつ『倫理学』によれば、人間にはすべて目的があり、その最上位は「最高善」。最高善とは幸福、それも卓越性（アレテー、理性の活動の与える満足のことだとされる。ギリシャ哲学には、ソクラテス→プラトン→アリストテレスと続く「倫理学」の系譜がある）。

（5）イマニュエル・カント（一七二四～一八〇四）ドイツの哲学者。主著『純粋理性批判』『実践理性批判』『判断力批判』など。サルトルの『弁証法的理性批判』は、これらのタイトルを意識・踏襲している。

（6）「相互性」「人間の自由は他人の自由に依拠しており、他人の自由はわれわれの自由に依拠している。したがって私は、他人の自由を欲しないではいられない」（サルトル『実存主義とは何か』）

（7）「対他存在」「対自存在」「即自存在」などとともに、存在論的哲学の重要な概念。「対自」「即自」「対他」などと省略されることも多い。まず「対他存在」は、サルトルの思想のキーワードのひとつ。自己意識というものをとらえるのに、自分だけの閉じた世界ではなく、他者との関係のなかでとらえようとする概念。この他者との関係によって生じた自己の存在を「対他存在」（他人に対する存在）**l'être-pour-autrui** という。いっぽう、自分自身との関係によって生じる存在を「対自存在」（自分に対する存在）という。「対他」―「対自」は対の概念とされ、けっきょく自己意識は孤立したものではなく、他者との関係を秘めていると考える。

いっぽう、「即自存在」という概念もある。あるモノがそのまま、そのモノだけで存在していることをさす。モノは自分を意識したり、客観的に見たりしない。「ある」としかいえない、それだけで存在するあり方であって、モノに特徴的な存在の仕方である。これに対し、自分に問いかける、自分を客観的に見たりする存在が「対自存在」ということになる。つまり、「人間に特徴的」なあり方である。「即自」とは事物、「対自」とは意識と理解すればよい。

しかしサルトルにとって重要なのは、他者の出現によって開かれる「対他存在」である。『存在と無』の時期に、「対他存在」を作るのは他者の視線であった。しかしサルトルは時代とともに「他者」の概念を拡げ、家族、階級、歴史まで含めて行くことになる。

6 左翼の原理

(1)『ル・マタン』紙(一九七九年一一月一〇日付)での発言。
(2)「左翼急進主義」の原語は gauchisme「極左主義」、あるいは日本の運動との対比で「新左翼」とも訳しうる。ここでは一九六八年の「五月革命」(次注参照)前後に力をもったトロツキー派と毛沢東派のこと。いずれも共産党の保守性にあきたらぬ若者たちによる運動で、革命をめざして、暴力を含む過激な手法を拒否しなかった。
(3)一九六八年五月の反乱のこと。学生反乱に始まり、労働者の全国的な規模でのストライキに発展して、約一カ月の間、国家体制をゆるがした。
(4)一七八九年のフランス大革命は、当時監獄のあったパリのバスチーユ広場への行進をきっかけとして始まった。
(5)一九七〇年ごろから、デモが解散したあと、あるいは警察に解散させられたあと、豪華な構えの商店がしばしば略奪の対象となった。
(6)ともに社会党の政治家。ミッテランは第一書記、ロカールはこれの対抗馬で、次の年一九八一年に予定された大統領選挙の、社会党候補者の椅子を争った。企業の国営化、工場の自主管理、党の近代化などについて考えが分かれている。前者が古い勢力、後者が新しい勢力に依拠しているとも言えるし、前者が左派に位置し、後者が右派に位置していたとも言える。

（7）一九二〇年のトゥールの大会でフランス社会党が分裂し、多数派がフランス共産党を結成した。

（8）ジャン・ジョーレス（一八五九〜一九一四）フランスの政治家、社会主義者。第一次大戦前夜に暗殺された。

（9）ジュール・ゲード（一八四五〜一九二二）フランスの政治家、社会主義者。

（10）左翼という言葉がフランス語で初めて政治概念として用いられたのは、フランス革命直後の一七九一年からである。

（11）一七九三年五月のパリにおける民衆蜂起を指すのであろう。その中心は過激派《アンラジェ》と呼ばれる一派で、私有財産を否定し、物資を略奪してこれを分配したりしていた。

（12）ジュール・ミシュレ（一七九八〜一八七四）はフランスの歴史家。民衆的な立場に立ち、『フランス革命史』で知られる。

（13）ジュール・ヴァレス（一八三二〜一八八五）はフランスの作家、ジャーナリスト。パリ・コミューンに参加し、後に小説『パリ・コミューン』を発表した。

（14）フランス大革命期に発行されたアジビラの題名。「デュシェーヌ親爺」は芝居に出てくる人物名で、大衆を代弁する人物とみられていた。毛派もそのスタイルをまねて、歯に衣着せぬ大衆的言語のアジビラを多く出していた。

（15）毛派、マオ派。マオイスト。中国の文化大革命（一九六六〜）を指導した毛沢東の思想に共鳴するグループ。レヴィが中心になって結成した。「人民の大義」は彼らの機関誌。哲学者のアンドレ・グリュックスマン、ベルナール＝アンリ・レヴィらも一時期これに参加していた。サルトルは、前述のように当初はフランス共産党の「同伴者」として行動していたが、ソ連による一九五六年のハンガリー侵攻、六八年のチェコスロヴァキア侵攻以降、ソ連とは次第に距離を取るようになり、「五月革命」以後はマオ派を支持しはじめた。マオ派は、直接民主主義、非合法活動、イデオロギー革命、不正への憎しみ、反権威主義、反制度機関などを唱え、サルトルはこれらの考え方に共鳴したと思われる（『反逆は正しい』）。マオ派による移民労働者の支援活動は、サルトルやゴダール、ミシェル・フーコーらによって支持されている。

7　超—歴史的な目的

（1）穏和主義者《モデランチスト》という言葉はそもそもは大革命時代、ジロンド派によって用いられた。

（2）熱い部門、冷たい部門という言い方は、毛派に固有の言い方。矛盾—闘争が激しく燃え盛っている部門と、冷えた状態にある部門。

（3）マクシミリアン・ロベスピエール　一七五八〜一七九四。フランス革命（一七八九年）の代表的な指導者。革命後に恐怖政治を敷き、粛清を徹底。しかし彼の粛清に怖れをなした反対派のクーデタによって逮捕され、自分も断頭台に送られた。

8　政治よりももっと根本的な

（1）ロベスピエールが急進的なジャコバン派の指導者として独裁的な権力を握った年。一七九三年憲法が制定された。

（2）一七九三年六月のジロンド派の没落から、一七九四年七月ロベスピエール派没落までの時期。

（3）サルトルも一九七三年三月の選挙について、この題名の文章を書いている。『シチュアシオンX』参照。

（4）一九七四年に軍部の無血クーデタにより、独裁政権が倒れた後、一九七六年春に行われた大統領選挙ならびに総選挙を指す。

（5）例えば一八四八年の二月革命。

（6）マルクスの根本的な考え方。投票などをふくむ政治行動をはじめ、人間のすべての行動、意識（上部構造という）は、その歴史における生産関係（下部構造）に規定されているとする。生産関係とは、生産手段の所有関係、つまり生産手段（工場、機械など）を持つ階級（資本家）と、持たない階級（労働者）との関係を示す。歴史の必然として、両者のあいだで階級闘争が起こり、プロレタリアートが勝利するというのがマルクスの考え方だった。

9　母親の息子

（1）プラトン（前四二七年〜前三四七年）古代ギリシャの哲学者。ソクラテスの弟子、アリストテレスの師。プラトンの思想は西洋哲学の基本的な源流である。哲学者ホワイトヘッドの「西洋哲学の歴史とはプラトンへの膨大な注釈である」という言葉もある。『ソクラテスの弁明』や『国家』等の著作。現存する著作の大半は対話篇という形式を取って

おり、一部の例外を除けば、プラトンの師であるソクラテスを主要な語り手とする）

（2）ソクラテス（前四六九年ごろから前三九九年）古代ギリシャの哲学者。著作はなく、弟子のプラトンなどが師の言葉を書きとめている（『ソクラテスの弁明』など）。「知への愛（フィロソフィア）」「ただ生きるのではなく、善く生きる」などの言葉が知られている。異端の神を信じ、若者を惑わした罪状で毒殺の刑に処される。

（3）レヴィがここで分析しているような言葉は『共和国』Ⅲにある。

（4）部族のなかで象徴的な意味をもつ動植物。くま、かめ、ビーバーなどが知られる。

10　暴力の息子

（1）人間の欲求に対して、これを満たす物質が決定的に足りない、という事実。サルトルは『弁証法的理性批判』の中で、この稀少性に対する「灼熱的な闘争」のうちに、歴史の原動力を見ていた。

（2）サルトルは『弁証法的理性批判』で、暴力を、稀少性の枠の中での人間の行動の構造として定義している。

（3）マルチニック島生まれ、アルジェリア革命に参加した革命思想家、フランツ・ファノンの著書。サルトルによるその序文は、彼が書いたものの中でももっとも「過激」な文章のひとつである。

（4）アルジェリア戦争。一九五四年十二月のアルジェリア民族解放戦線（FLN）の一斉蜂起によって始まったフランスからの独立戦争。激しい武力闘争が続いた結果、ドゴール政権が独立を容認、六二年に終結し、アルジェリアは独立を達成した。サルトルはアルジェリア独立を支持し、フランスの国家権力に対して激烈な論陣を張った。そのため、極右勢力はデモのたびに「サルトルを銃殺せよ」と叫んだ。

（5）一九二四年に起こったモロッコのリフ族の反乱に対し、フランスが軍隊を介入させ、鎮圧した事件をさす。なおこの事件はシュールレアリストたちの政治化を促した。

（6）いずれもファノンの『地に呪われたる者』への序文で使われている表現。この箇所に原注として、サルトルの以下の文章が引用されている。「被植民者はコロンを武力で追い払うことにより、自らの手で植民地特有の神経症を癒すのだ。怒りが爆発するときに、彼は失われていた意識の透明を取り戻す。自分を作るその程度にしたがって、自分を知っていくのである。（……）いつまでも恐怖に怯えるか、あるいは恐怖を与えるものになるか、二つに一つだ。でっちあげられた分裂の生命に身をゆだねるか、生まれながらの統一をかち取るかだ」（『シチュアシオン』Ⅴ「植民地問題」海老坂武訳）

（7）小さいころのサルトルのあだ名。

（8）パルダイヤンは大衆作家ミッシェル・ゼヴァコ（一八六〇〜一九一八）の英雄物語の主人公。小さいころサルトルはゼヴァコを愛読した。

（9）『地に呪われたる者』の序文で、植民地原住民の暴力に関し、新たな人間性をつくり直すものとして《再生的》という語を用いているところから。

11　反乱による統一

（1）カントの『道徳形而上学』を考えているのであろう。

（2）ルソーの『社会契約論』で使われたことで知られる、人民総体の意志。フーコーはイラン革命（一九七九年）の後にイランを訪れたときに次のように書いている。「私たちはテヘランで、イラン全土で民衆の集団的意志に出会ったのです」

（3）ジョルジュ・バタイユ（一八九七〜一九六二）はフランスの思想家、作家。ニーチェの影響を受け、思想家として出発する。「死」と「エロス」を根源的なテーマとし、経済学・社会学・人類学など多方面にわたって執筆。パリ国立図書館に勤務していた。思想的作品には『無神学大全三部作』、創作には『眼球譚』『マダム・エドワルダ』など。

（4）エロチシズムは、バタイユにとって重要な概念。日常性の否定、暴力、戦慄、死、聖なるもの、といった概念と結びついている。

（5）契機 moment とは、物事が始まったり、変化が生じたりする直接の要素。きっかけ。

（6）準備中の『権力と自由』のこと。

12 現実のユダヤ人と「一者」

（1）メシア。ヘブライ語マーシーァハ（油を注がれた者）に由来する。救世主。ギリシャ語では、クリストス（キリスト）と訳された。聖書によれば、神の介入によって変貌した歴史内世界に立てられる神の支配の代行者がメシア。そして、このメシアによる新しい世界秩序の到来の待望、その世界観をメシア思想という。メシア思想は、古代オリエントの宇宙論的な世界変貌の思想を背景にもつが、とくに古代イスラエルの預言者の終末論的歴史観に基づいて成立したと説明される（『世界大百科事典』より）。

（2）『ユダヤ人問題』一九五四年、イスラエル建国六年後に刊行。そのためパレスチナ問題に対する記述はない。主として「反ユダヤ主義」について考察。

（3）ジャーナリスト。サルトルが編集長をしていた『レ・タン・モデルヌ』誌の編集委員。

サルトルの死後、編集長。

(4)「ディアスポラ」　本来は〈離散〉を意味するギリシア語。パレスチナを去って世界各地に居住する〈離散ユダヤ人〉と、そのコミュニティを指す。

(5) 国家の組織が人間の自由によってつくりあげられていくところに歴史の到達すべき目標をみる、ヘーゲルの歴史哲学を考えているのであろう。

(6)《名》は、ヘブライ語で啓示された性格や本質という意味で用いられることが多かった。

(7) ユダヤ教で、神が祭司・預言者を通じて示した生活と行動の原理で、のちに成文化された。狭義にはモーセ五書をいう。

(8) 一九七三年から一九八二年までは、それまでの左派・社会民主党政権から、保守派の穏健党に政権が移った。

(9) ソ連軍によるアフガニスタンへの侵攻。反政府組織や義勇兵に対するもの。一九七九年の出兵から一九八九年の完全撤収まで、ソ連側は一万四〇〇〇人を超える兵士が戦死し、アフガン側はその数倍の戦死者を出す結果となった。

解説Ⅱ（朝日ジャーナル初出）

「いま　希望とは」の解説Ⅰの中で私は、サルトルが新たな倫理学の確立に燃やす情熱にふれて、「このような企てのうちには、迫り来る時刻を意識したサルトルの、願いのようなものが感じられる」云々と記した。それはもちろん、この対談自体から受けた印象であるが、同時に、ひょっとするとこれが彼の最後の発言になるのではないか、という悪しき予感が働いたからでもあった。残念ながら予感は現実となり、この翻訳を終えた日の朝、彼の死を知らされることになったのである。

彼の仕事の全体の意味についてはすでに別のところに考えを記したので、ここでは、彼の晩年、すなわちここ一〇年ばかりの活動についてのみ振り返ってみたいと思う。最後のメッセージとなってしまったこの「いま　希望とは」への一つの照明となれば幸いである。

ここ一〇年ばかりのサルトルの行動と思想とを導いてきたのは、一九六八年五月の反乱をどう受けとめるか、というただ一つの問いだったように思う。この対談の終わりの部分にもちらりとふれられているように、〈五月〉の体験は明らかに彼を深く「揺り動かし」ていた。そして、これはなにもサルトルにかぎったことではなかった。構造主義者もマルクス主義者も、アナキストも毛沢東派もリベラル急進派も、ある意味ですべて〈五月〉によって粉砕され、各人それぞれ新たな問題設定へむかうことを余儀なくさせられていた。いわば〈五月〉は、戦争―レジスタンスがそうであったように、それ以後の思想の風土そのものを規定してしまったのである。

ただ、〈五月〉そのものを受けとめる仕方は各人それぞれ異なっていた。たとえばミシェル・フーコーは、〈五月〉をきっかけとして、それまでの〈知の考古学〉から、言説や知の中に忍び込んでくる権力の諸形態との闘いという方向へと、大きく関心を移動させていくであろう。今日彼が構造主義者の名前を拒否しているのは、周知のとおりである。雑誌『テル・ケル』に拠り文学的前衛をもって任ずるフィリップ・ソレルスは、〈五月〉のうちに文明の断絶を見、権威への反抗と異常性の復権に力点を置いて考えている。〈五月〉の立役者であったダニエル・コーン＝ベンディットはといえば、日常生活のあり方に目をむけ、対抗環境としての共同体づくりにいそしんでいる。今日、〈五月〉の正統な後継者として彼の目に映るのは、エコロジーの運動である。

ではそうした中にあって、〈五月〉とはサルトルにとって何であり、彼はそこから何を汲み取ってきていたのか。

第一に、〈五月〉直後の発言をみると、彼は学生たちの運動を支持しながら、これを自主権、自由への要求として把えている。学生反乱とは、現在の消費社会、テクノクラート社会によってあてがわれた〈いぬ〉としての職務、〈もの〉としての運命に対する異議申し立てである、と。さらに、このような異議申し立て、つまりは非人間化の拒否のうちに、学生と労働者の闘いを結ぶ絆があることを、またフランスの〈五月〉とチェコの反乱を結ぶ絆があることを指摘している。

けれども、こうした視点から眺められた限りでの〈五月〉は、従来のサルトル思想を確認するものでこそあれ、これに修正をもたらすものではなかった。なぜなら彼は、資本主義国、社会主義国、第三世界の革命運動――ないしは革命の中の革命――の原動力として、常に、物質的な欲求以上に自由への要求に大きな役割を与えていたからである。

しかし、第二に、ある時期から彼は〈五月〉を自分の身にひきつけて考え、これを古典的知識人としての在り方――職業的活動から引き出したある種の普遍性の名において、支配者階級による〈知〉の特殊的使用を告発しながらも、おのれ自身の知識人としてのステータスには疑いを抱かぬ在り方――への異議申し立てとして受けとめるようになった。その時期とは六九年から七〇年にかけてであり、そうした理解を彼に促したのは、ほかならぬ「いま　希望とは」の対談相手レヴィ＝ヴィクトールらの毛派との接触である。毛派の出発点が「書物から得た文化を吐き出して、現実に近づくこと」であった以上、書物文化の代表的な担い手であるサルトルが、彼らとの共同作業の中で、知識人という分業人間への異議申し立てを迫られたのは当然の成り行きであったろう。

とはいっても現実には、過去に何十巻かの書物を著した六五歳の大作家が、完全に「知識人としての自己を抹消」できるわけがなかった。そこから、一般的には新しい知識人の在り方として工場に「定着する」ことをすすめながら、彼自身は、「イデオロギー的利害」をすでに持ってしまっているという理由から『家の馬鹿息子』を書き続け、また高齢のため工場の門をたたくこともできないまま古典的知識人にとどまる、という矛盾が生じてくる。そして、この矛盾を行動の次元で埋め合わせようとするかのように彼は、七〇年から七二年にかけて、『人民の大義』の編集長を引き受け、毎号発禁処分にあいながらもこれを街頭で販売したり、「赤色救援」を組織して政治的弾圧の犠牲となった活動家の救援にたずさわったり、炭鉱爆発の責任を問う「人民法廷」の検事役をつとめて国家に有罪宣告を下したり、パリ・コミューンにおける虐殺の記憶とつながるサクレ・クール寺院の占拠に加わったり、ルノー工場で一労働者が殺された事件の調査を独自に開始したり、といった具合に、さまざまな急進的な運動に参加していくのである。

それによって彼自身の矛盾が乗りこえられたわけではないだろうが、警察国家と化したこの時期のフランスにおいて、四つか、五つの左翼急進派の刊行物の編集長役を引き受けながら、言うべきときに言うべきことを確実に言い続けている。著作という点では貧しかったかもしれないが、この時期のサルトルは、きわめて充実した生活を送っていたのではないかと私は想像をしている。

ところで、第三に、毛派との共同作業が彼に促したのは、古典的知識人としての在り方への反省だけではなかった。すこし急いで言うなら、サルトルは、「反逆は正しい」を行動の原理とする毛派とのつきあいを通して、〈五月〉の運動を太く貫いているヒエラルキー的秩序への反抗―反逆の契機に注目し、これを自分の思考の中に組み入れていったように思う。そもそも毛派の基本的戦略とは、活動家を「反逆のスポークスマン」として民衆のさまざまな層に送り込み、民衆のうちにひそむ不正や搾取への憎しみを反逆として炸裂させること、職工長をぶんなぐったり管理職を監禁したりして大衆の暴力を蘇生させることであった。彼らにとっては、反逆そのものが、反価値(労働強化、人種差別)への抵抗として、一つの価値の創造であり、倫理的な行為であった。そしてサルトルが毛派に寄せた共感とは、権威的ヒエラルキーに対するこの反逆=暴力の倫理性という点にあったのである。

ただそこからサルトルは、反逆という概念を自由という概念によってもう一度把え直してもいる。反逆とは、搾取され、疎外されたものとして諸個人のうちに存在する自由が、自分の自主権の歪みを把握したときに初めて可能となる。その意味では全的な自由への渇望こそ反逆の根拠であり、倫理はこの自由―反逆のうちに据えられねばならない、と。

以上三点が、〈五月〉とのかかわりの中で考えられうるサルトルの、七〇年代前半における歩みである。実を言えば、『反逆は正しい』の中でふれられている自由―反逆についてのサルトルの考えは、十分に展開されているとは言い難い。また討論参加者の意見も分かれている。

その理由の一つは、自由は一方で反逆として下から生きられると同時に、他方においては他者への権力として上からも行使されうるからで、この自由―権力の側面が明らかにされずには、自由―反逆の倫理性も確認されえない、という困難にぶつかっているからである。

その意味において、サルトル―ヴィクトールが構想していた『権力と自由』は、すくなくとも当初においては、『反逆は正しい』を引き継いだ討論であったと考えられる。ただ、解説Iでも記したとおり、ある時期から『権力と自由』の構想そのものに変化が生じたらしい。そして私たちは、この「いま　希望とは」（「いまこそ、希望を」）とともに、自由―反逆よりむしろ自由―友愛を、すなわち縦の対立関係よりもむしろ横の結びつきに力点を置いて語るサルトルを目にしたわけである。この進展（?）の意味について速断をしたくはないが、彼がここ一年来、その運命について心をくだいていたあのインドシナの難民たちの像が、その見えない目の中に、強く焼きついていたのではないか、という気がしないでもないのである。

解説Ⅲ（二〇一七年九月）

解説Ⅰ、Ⅱで記したように、この対談は一九八〇年の初めにおこなわれ、三月、フランスの週刊誌「ル・ヌーヴェル・オプセルヴァトゥール」誌に三回にわたり掲載された。対談のほぼ一月後にサルトルは亡くなり、その死をはさんで、訳文が週刊誌「朝日ジャーナル」に同じく三回にわたって掲載された。その第三回目の翻訳を終えた日の朝、私はラジオの「フランスの哲学者、ジャン＝ポール・サルトル氏は」の一句で始まるニュースで彼の死を知ることになる。

実を言えばその三日ほど前に、フランスに住んでおられた、サルトルとボーヴォワールの二人と親しい朝吹登水子さんから、涙声の電話で、サルトルの容態が絶望的であることを知らされていたので、ある程度の覚悟はできていたのだが、またそのために日ごろは聞くこともないＮＨＫの朝のラジオに耳を傾けたのであるが、原稿を前にして「これが本当に最後の言葉になってしまった」という想いで、しばし大きな喪失感に捉えられたことを覚えている。

この対談の相手であるベニイ・レヴィがどのような人物であるか、またこの対談が、当時のサルトルの仕事のなかでどのような位置を占めているかについては、解説1を参照していただきたい。ただ、ベニイ・レヴィのその後についてはひと言付け加えておく必要がある。レヴィは、この対談以前から哲学者エマニュエル・レヴィナスをとおしてユダヤ思想に並々ならぬ関心をよせていたが、やがてユダヤ正教に帰依しヘブライ語を学び、ユダヤ教の宗教的典範『タルムード』の研究に打ち込むようになった。一九八五年にはソルボンヌで哲学の博士号を取得している。そして一九九七年にはエルサレムに居を移し、やはりユダヤ系の哲学者、ベルナール゠アンリ・レヴィ、アラン・フィンキエルクロートとともに、レヴィナス研究学院（Institut des études lévinassiennes）を創設した。しかし、二〇〇三年に急死している。

対談の背景

さて、今回の解説は、私にとって三回目、三十七年の間隔をおいた解説ということになる。そこでまず、当時は知られていなかった、この対談が発表されるまでの経緯、サルトルを囲む人々のあいだで生じたドラマを紹介するところから始めたい。

ボーヴォワールがこの対談の原稿を目にしたのは、掲載予定日の一週間前、サルトルの家でだったという。一読してボーヴォワールは愕然とした。レヴィの居丈高な態度、口調にショックを受けている（解説1で記したとおり、私もこれにはびっくりした）。それどころか、「泣きだして、原稿を部屋の端まで放り投げた」というサルトルの養女アルレットの証言もある（アニー・コーエン゠ソラル『サルトル伝』石崎晴己訳）。ボーヴォワールはのちに、レヴィについて「彼は、何やら知らぬ天啓の真理の名において、検事の役をつとめ、すべての意見をサルトルに背負いこませているのだ」と書くことになる（『別れの儀式』）。サルトルと長いあいだ付きあって来た「現代」誌の編集部のメンバーも、すべてこの対談原稿に憤慨したとのことだ。

じっさい、ベニイ・レヴィから直接この原稿を持ち込まれた「ル・ヌーヴェル・オプセルヴァトゥール」誌の編集長ジャン・ダニエルは、その夜、いれかわり立ちかわり「現代」誌のいわばサルトル一家、ランズマン、プイヨン、ボストから電話を受け、対談を掲載しないように求められた。「現代」誌のなかでは、ユダヤ系のオルスト

（アンドレ・ゴルツ）だけが、掲載に賛成だったという。

最終的にジャン・ダニエルに掲載の決意をさせたのは、サルトルからの直接の電話だった。「この私、サルトルが、この原稿の掲載を、そして全文を掲載してくれるよう、あなたに頼むのです」と。サルトルは、ボーヴォワールを始めとする掲載反対派の動きを知って、この電話をしたのである（『サルトル伝』）。

反対派の主張にはそれなりの根拠がある。それは、対談というよりも「尋問」であり、サルトルの過去の思想と行動に自己批判を迫っているかのようで、対談が当初目指した「複数的思考」にはおよそなっていないことは事実なのだ。また、つねに鋭利な発言をしてきたサルトルにしては、これはどうかな、と思われるもたもたした対応も目につき、あとで考察するが、発言内容じたいにも疑問が残らぬわけではない。サルトルと親しかったジャーナリストのオリヴィエ・トッド（人類学者エマニュエル・トッドの父親）はこれについて、サルトルの心身の衰えにつけこんだ「老人誘拐」とまで書いている（『反逆の息子』Le fils rebelle）。

ただ、こうしたネガティフな反応は、それ以前から潜在的にあった、ボーヴォワールならびに「現代」誌のサルトル一家とレヴィとの対立、葛藤と無関係でもないように思われる。

その間の事情をかいつまんで紹介すると、こうである。まず、サルトルの健康状態の悪化がある。彼が肉体的に、知的にどのように衰えていったかについては、サルトルの死後一年たって刊行されたボーヴォワールの『別れの儀式』に、詳しい叙述がある。……高血圧、記憶障害、歯痛、尿失禁、尿道結石、催眠状態、めまい、眼底出血、軽い緑内障、糖尿、脳梗塞症状、歩行困難。これに追い打ちをかけるように、一九七三年中ごろからの急速な視力の衰えと、半失明だった。この時点で、書くことも読むこともできなくなる。

とくにひどかったのは、過度の睡眠で、夜じゅうぶんに寝ているにもかかわらず、昼間、会議や話しあいの最中に、また食事中にさえ眠っていた。ボーヴォワールはこれを、半失明を受け入れることが出来ないための「現実逃避」と考えている。

そのサルトルのために、当初はボーヴォワールが毎朝三時間、本を朗読していたのだが、サルトルの女友だちリリアンヌ・シエジェルのすすめを受け入れ、七三年の暮れからは『反逆は正しい』の討論相手であったレヴィを正式の秘書としてつけ、朗読の役を彼に委ねる事になる。また七六年秋からは、レヴィを「現代」誌の編集委員会にも迎えいれている。ボーヴォワールは当初、レヴィに好意的だったのだ。

この当時のサルトルの健康状態が、また二人の関係がどのようなものであったかは、レヴィ自身の証言がある。

「実はそれは死との戦いでした。私は何時間も何時間も、眠気の力、興味喪失の力に対して、さらにもっと単純に言えば、彼の頭がこっくりこっくりすることに対して戦っているような気がしたものです。そう、実際、最初の頃私がやっていたのは、まさに人口呼吸そのものだったのです」（『サルトル伝』）

もっとも、サルトルの健康状態は一進一退で、一九七四年の春には尿失禁を繰り返したり、失明状態にいらいらしたりしていたが、次第にこれに適応し、この年の秋にはもう居眠りをすることもなくなり、無国籍のレヴィがフランスに帰化出来るよう大統領のジスカール・デスタンに手紙を書いたり、それまで欠席していた「現代」誌の編集会議にも出席して議論をしたりするようになった。十二月には、ドイツ赤軍派の指導者で、ドイツで収監されていたアンドレアス・バーダーに面会に行き、ドイツの作家ハインリッヒ・ベルとともにテレビを通して、政治犯をまもるための国際委員会の設置を呼びかけている。

十一月に、歴史家たちの協力を得て、自分自身を語りながら二十世紀の歴史を語る、というテレビでの十回のシリーズ番組を制作するという企画が持ち上がってから、サルトルは元気いっぱいで、ボーヴォワール、レヴィ、それにジャーナリストのガヴィらと「四人組」を作り、討論の日々をすごしていた。けっきょくこの企画はほぼ一年後に、国営テレビの制作者が首相のシラクの側からの圧力に屈したため実現しなかったが、その後レヴィと二人での討論作品、『権力と自由』のための仕事を、一九七五年から本格的に始めることになる（解説1参照）。

ただその討論は、実際にどのようになされたのだろうか。激しい討論による知的対決といったものだったのか、それとも、肉体的にも知的にも衰弱していたサルトルに対し、レヴィが一方的に追及し、自己の意見を押し付け、サルトルは防戦に努めていただけなのか。これは推測することしかできない。しかしサルトル自身は、この討論の時間を楽しんでいたということに間違いはないようだ。

一九七八年春、レヴィのイニシアティヴのもとに、サルトルは養女アルレットを連れて三人でイスラエルを訪問した。サルトルは車椅子で飛行機に乗り、足腰の衰えから四日間ほとんどホテルの部屋に閉じこもったままだったが、何人かのイスラエル知識人、パレスチナ知識人と会っている。

事件は、その帰国後に起こる。レヴィは、このイスラエルへの旅についてのルポルタージュを書き、これを「サルトル―レヴィ」の二人の名前で発表しようとした。原稿を受けとった「ル・ヌーヴェル・オプセルヴァトゥール」誌の編集長ジャン・ダニエルは、サルトルが書いたものとは思われなかった、と回想している。ボーヴォワールもこの原稿を読み、「〇点」と評価、サルトルに原稿の取り下げを提案した。サルトルはこのときはほとんど無関心で、これにすぐ同意した。

ところが、サルトルはこのことをレヴィに告げていなかった。そのため、「現代」誌の編集会議の席上でボーヴォワールからこれを知らされたレヴィは激怒する。以後、二人は険悪な間柄になった。というか、サルトルに対して影響力を、さらには支配権を増大していったレヴィと、これに不安を覚えていたボーヴォワールとの潜在的な対立が、この事件をとおして激化した、と言うべきかもしれない。

その後また、この原稿をめぐってレヴィと「現代」誌の他のメンバー（プイヨン、ゴルツ）とのあいだで口論が起こり、レヴィは全員の過去の作品についての自己批判まで要求したそうだが、文化大革命を思い起こさせる旧マオイストのこのいささか高飛車な要求は全員に笑い飛ばされ、彼はドアをピシャリと閉めて出て行った。

長年にわたってサルトルの同志であった「サルトル一家」の面々から見ると、レヴィは横柄かつ権威的で、誇大妄想《パラノイア》ですらあり、サルトルが彼の意見に振り廻されるのを見ながらも、それまでは介入できなかったようだ。これに対してサルトルはと言えば、この文章の取り下げじたいには反対しなかったのだが、両方の板挟みになり、レヴィに反対せざるをえない立場におかれたこと自体を怒っていたという、どちらかと言えばレヴィよりだったのである。

ところが、一九八〇年の本書のこの対談については、サルトルはボーヴォワールと正面衝突をしながら、また「現代」誌の友人たちの反対を押し切って、掲載を強く求めた。そこに老人の頑固さを見るべきか、あるいは病人のように、死者のように扱われることに対する必死の抵抗を見るべきか。もっとあとになってボーヴォワールは、「彼は反対されたからむきになった」、「弱さゆえに頑固さを倍加した」と語っている（『サルトル伝』）。サルトルの身になってみれば、何年ぶりかの公的発言であるだけに、かんたんには諦められなかったということもあるだろう。

こうして、『いまこそ、希望を』は陽の目をみることになった。だが、そこに新しいサルトル、変貌をしたサルトルを見る者と、老いによる思考の混乱、思考力の劣化を見る者と、評価は真っ二つに割れた。ボーヴォワール他の仲間の反応、さらに長年の論敵と言えるレイモン・アロンの反応に見られるように、サルトル思想との付き合いが深ければ深いほど後者の考えに傾きやすいであろうし、事実、これはおかしいと思われる箇所が、このテキストのなかにはいくつも指摘しうる。また、テープから起こされた言葉が、正確にテキストに反映されているかどうかの疑問も残る。なぜなら、この録音テープとの突き合わせはその後、なぜかなされなかったからだ。

けれども、ともかくテキストは差し出されている。どこがレヴィによる誘導尋問に引っかかってしゃべった箇所であり、どこまでが尋問者の圧力に屈した老人の譲歩であり、どの部分が朦朧とした状態の病人のうわごとであるのか、それを論じていても埒はあかないであろう。それよりもまず、どこが自己否定か、何が変わっているか、何が新しいとみなされうるかを、つまり、「混乱—劣化」か「変貌—進歩」かといった価値判断をいったんカッコに入れて、具体的に検証してみよう。

レヴィの追及をめぐって

レヴィの追及がもっとも激しいのは、第一に、サルトルが長いあいだフランス共産党とソ連の「同伴者」であったことであり、第二にフランツ・ファノンの『地に呪われたる者』の序文において暴力を積極的に意味づけたことについてであり、第三に、これは議論のなかで出てきたことであるが、サルトルが「友愛」を神話的に解釈している点についてである。そして、第四にヒューマニズムへの批判がある。

まず第一点についてだが、サルトルは現在の観点から、二つの誤りを認めている。一つは共産党の評価について（「共産党は労働者の党だと称していたのでこれに強い印象を受けていたのだ。今ではこれは誤りだと思う」）。もう一つは、同伴者志向についても誤りだったと述べる。

しかし同時に、なぜ誤ったのかの説明にも耳を傾けるべきであろう。知識人における同伴者志向、「何かにしがみつきたい」という欲求はどこからくるのか、という問いに対して、サルトルはこう答えている。

「社会に未来を見つけなければならなかったからさ。この社会が糞だめでなくなる必要があったのだ」。しかし知識人は、自分一個の思想で世界を変えることはできない。「前進しようと試みている社会勢力」を見極めること、「結合した人間たち」が、「闘う人々の軍団」を想定することが必要だったのだ、と。

「必要」というこの判断自体は、間違いとは言えないだろう。誤りがあったとすれば、共産党にこれを求めたことにある。しかし一九五一年のフランスで、共産党以外のどこにこのような「社会勢力」を、このような「軍団」をみいだせたか、という反論は可能である。しかも、一九四八年にサルトル自身が先頭に立って結成した、「革命的民主同盟」という中道的な政治集団が、広範な支持層を見つけられないままに瓦解したという挫折体験があっただけに、共産党への期待は理解されうる。

ソ連についてはどうか。「ソ連について悪い方向に考えることを自分に禁じていた」と、サルトルは言う。この発言は、二十一世紀の現在、かなり滑稽な言葉に聞こえるかもしれないが、一九五一年の世界状勢、朝鮮戦争が熾烈をきわめ、第三次世界大戦、核戦争がいまにも始まりそうな情勢のなかでの発想として理解する必要がある。

レヴィはこの時代状況を視野に入れていない。サルトルも指摘しているように、レヴィはソ連という国の在り方を「スターリニズム」という一語のレッテルでくくっているが、問題はアメリカとソ連を比較して、どちらを「平和勢力」と見るかという世界政治の認識にかかわっていた。相対的には「ソ連」という答えを、あの時点でサルトルが出し、以後ソ連がリードする世界平和評議会への参加をとおして「同伴者」としての姿勢を強めたことは、米ソからともに距離を置く「孤立」を選ぶのでないかぎり（カミュはこれを選んだ）、間違いであったと断定できるかどうか。

ただし、とここで付け加える必要がある。サルトルは、自分の同伴者体験を「四年」と言っている。たしかにハンガリー動乱を機に、フランス共産党とは手を切った。しかし、ソ連の評価についてはどうだったか。ハンガリー動乱へのソ連の武力介入を激しく非難しながらも、「社会主義の希望」をになう唯一の国、と書かなかっただろうか。そしてその後もソ連を頻繁に訪れ、「同伴者」として歓待されていなかっただろうか。この「同伴者」ぶりは、批判されてもやむを得ぬかもしれぬ。彼が本当にソ連に見切りをつけたのは、一九六八年の「プラハの春」以降であった。

第二に、ファノンの暴力論への加担をどう考えるか。『地に呪われたる者』への序文（『シチュアシオンⅤ』に所収）を全面的に否定しているのだろうか。サルトルの発言を注意深く読むと、けっしてそうではないことがわかる。「暴力は、贖罪的役割を本当に持つことができるのか」という直接的な問いをレヴィに突きつけられて、サルトルはたしかにまっすぐに答えていない。あとの箇所では、問題は表現の仕方にあったこと、「言葉の暴力」に訴えたのは「気詰まりな状況」とか、幼年期のメンタリティの残存（「新たなるパルダイヤン［一四四ページの訳注参照］」）とか、贖罪意識（「我が身に鞭を打つ必要」）とかによって説明しようとしている、あるいは、強引に説明させられている。

しかし、表現の仕方はともかくとして、考えそれ自体はどうなのか。変わったのか変っていないのか。じつは、それほど変っていないのではないだろうか。というのもサルトルは、レヴィの追及の隙間をすりぬけるように、「序文」で書いている事の大筋を繰り返し述べている。すなわち、アルジェリアにおいては暴力的解決＝反乱・戦争しかなかったこと、植民地暴力（「他人たちの力」）こそ暴力を生み出したこと、したがって、植民地原住民による植民者にたいするこの暴力は「正当と呼んでいい」ことと、この暴力によって、植民地原住民の「奴隷的性格」が消滅し、人間に少し近づいたこと（「ある種の強制にはもう忍従しない人間以下の存在がいるだけ」）等々。

サルトルが変化を認めているのは「誰もが殺しているという点で、彼らは兄弟なのだ」としたことについて「もう意見をそのとらない」と答えている箇所だけである。ただ、実を言えばレヴィのこの追及は正確な文言によっておらず、誤解を与えかねないので、正確な文章を引いておこう。サルトルはこう書いていたのである。

「一人一人の被植民者にとって、祖国は同胞が闘っているあらゆる場所に存在する。彼らの同胞愛（友愛）は、彼らが君たちヨーロッパ人にいだいている憎しみと表裏一体である。彼らの誰もが敵を殺した、毎分毎秒、敵を殺す可能性を持っている、というそのことによって、彼らは兄弟なのだ」

問題は、愛と暴力との関係、さらには友愛を核とする倫理と暴力の関係である。レヴィはこう追撃する。「友愛の経験が現れるのは、敵を殺すということのうちにおいてかどうかが問題だ」

これに対してサルトルは「答えはノンだね」と応じているのだが、しかしすぐそのあとで、「じつを言うと、暴力と友愛との真の関係が、わたしにはまだはっきりとわからないのだ」と追撃をかわしている。これは逃げのようにも聞こえるが、むしろ本音であろう。というのは、これが新しいサルトルということになるかもしれないが、友愛とは何か、それはどのようにして形成される感情なのか、なぜ友愛が重要なのか、こういったことを、サルトルはこの対談で問い直しているからである。まさしくこの点をレヴィは追及しているのであり、対談の流れのなかでは少しあとに戻るが、それが第三点である。

テキストにはっきりあるように、サルトルはここで、友愛の感情的起源を家族のうちに求めている。それは「友愛」という言葉の語源（兄弟愛）に戻って考えることでもある。それだけでなく、この友愛＝兄弟愛を（マルクスに反して、自己に反して）社会の根本的関係とみなそうとしている。レヴィが、友愛という言葉を、フランス革命とパリ・コミューンの歴史的文脈のなかで用いようとしているのに対し、サルトルが留保の姿勢（「友愛の定義はそんなにかんたんにはできないな」）を示しているのは、そのためであろう。

考えてみると友愛は、彼の倫理思想体系のなかでは、それまで大きな位置を占めていなかった。五〇年代、六〇年代に書かれた『倫理学ノート』では、友愛に場は与えられていない。『弁証法的理性批判』では、たしかに友愛が論じられている。ただこのばあい、友愛とは「誓約集団」の実践活動をとおして集団の成員のあいだに生じる連帯の感情であり、あくまでも「誓約集団」を前提とし、また「実践」、つまりは革命運動を前提としていた。そして考察の対象は、友愛それ自体と言うよりも、「誓約集団」が敵を前にして内的結束を固めようとするとき、友愛が成員にたいする暴力（内ゲバ）に転化するその構造、友愛—恐怖の結びつきを明らかにすることにあった。

ところがこの対談では、「驚くべき」という言葉をここで発したくなるのだが、友愛の感情的起源を、「同じ先祖を持つ」、「同じ一人の母親から生まれた関係」にまで遡らせている。

レヴィは、こうした発言を神話への「転落」と批判しているが、サルトルは「これは神話ではない。友愛というのは人類の成員相互の関係のことだ」と応じて引こうとしない。もちろん生物学的には、われわれすべてが「同じ一人の母親から生まれた関係」にあるというのは間違いではない。しかし、なぜ友愛の起源を人類の起源に遡って求めるのか。私もまたレヴィと同じく、神話に頼るな、生物学的起源に頼るな、と考えたくなるが、サルトルはこうも言っている。

「わたしが言いたいのは、親族集団という重要な考え方、たとえば彼らすべてを生み出したに違いない一匹の動物に発するその母胎的統一、といったものこそ、今日再発

見すべきだということだ」（傍点引用者）

「人間のその隣人に対する関係、これを友愛と呼ぶのだ。なぜなら、両者は同じ起源だとお互いに感じているのだから。彼らは同じ起源を持っている。そして、未来においては共通の目的を。起源と目的をともにする、これこそ、彼らの友愛を作り出すものだ」（傍点引用者）

しかし、ここで一つ疑問が出てくる。「友愛」を人類全体の関係へとひろげていくとどうなるか。つまり、「友愛の観念を、それがあらゆる人間相互のあいだの、唯一で明白な関係になるまで拡大すること」を「倫理」にとって必要な作業と考えるとすると、レヴィが左翼の原理として出している「友愛」とは、どういう関係になるのか。サルトルも慎重ではあるが、左翼の原理としての友愛を認めている。そして今度は「友愛と民主主義との関係」を問おうとする。

しかし、倫理の目的としての友愛と、政治集団の原理としての友愛とのあいだには、大きな距離があるのではないか。もちろんサルトルは、その距離を自覚しているのだろう。だからこそ「未来においては」と語っていると、私は理解する。

では、人間たちの共通の未来、共通の目的とは何なのか。ここで対談の流れをまたさかのぼることになるが、問題はサルトルにおける人間観、ヒューマニズム（ユマニスム）にかかわってくる。レヴィはこの点も追及しており、これが第四点である。

レヴィの批判は、ヒューマニズムに対するサルトルの言説の変化、というよりも、ヒューマニズム言説のばらつきについてである。たしかに、言葉だけを追うと、ばらつきがある。戦前の小説作品『嘔吐』のなかでは、作中人物の独学者の説くヒューマニズムを、主人公のロカンタンはせせら笑っていた。戦後の講演においては、実存主義をヒューマニズムとして提示している。いっぽう、ヨーロッパの植民地主義的ヒューマニズムは罵倒している。この対談のなかでさえ、ヒューマニズムという言葉の意味のずれがある。これは、ヒューマニズムと言ってもいろいろある、と答えればすむことでもあるが、ではサルトルの考えるヒューマニズムとは何なのか。

ひとことで語れば、半端な人間、動物的な人間が「人間」になろうとしている運動、と言えるかもしれない。「実存主義はヒューマニズムか？」という講演のなかでは、人間は偶然の存在であり、あらかじめ規定された本質はないという人間観を、実存主義思想の出発点として打ち出した。また、歴史の場で人間を捉えるときには、「人間以下の存在」という言い方が前面に押し出されてくる。パスカルは人間を動物と天使のあいだに位置づけ、人間を「生成」として捉えたがゆえに実存主義思想の先駆者とみなされたが、サルトルはこれを受けて、一九五八年にすでに「人間はねずみと天使のあいだのどこかにいる」と書いていた（『ねずみと人間』一九五八年）。

「人間以下の存在」という表現を頻繁に使うようになったのは、おそらく五十年代からの世界各地での反植民地闘争、とりわけアルジェリアの民族解放闘争からであろう。サルトルはこの植民地原住民の反乱のうちに、人間であると自称する植民地主義の担い手（「つるつるした顔のヒューマニスト」）に対する「人間以下の存在」の闘争を見て、これを大文字の「人間」に向かう歴史の運動として意味づけていた。

　この対談では、次のような言葉で語られている。「人間以下の存在が自分たちのなかに人間的であるさまざまな原理を有していると、つまりは、人間の方に向かっている若干の萌芽を有していると考えるなら、そのときは人間と人間との関係を、今日重要とされている諸原理によって思考すること、その作業をヒューマニズムと呼ぶことができるだろう」

　では、いま私がカッコをつけたり傍点をつけたりしたこの「人間」、あるいはしばしば用いられる「全（体）的人間」とは、いったい何なのか。

サルトルはこれについて、それまでに明示的な答えを出してこなかった。この対談のなかでも出されていない。いや、彼はこう語っている。

「人間とは何かということは、まだ定まっていないのだ。われわれは完成した人間ではない。われわれは、人間的な関係に、人間の定義に到達すべくあがいている存在なのだ」

そして彼は、これを「闘い」と呼び、「われわれはいま現在、闘いのまっただなかにいる」「われわれは、人間として共に生きることを求め、人間になることを求めているのだ」「われわれの目的とは、各人が人間となるような、また共同社会も同じく人間的となるような、そういう真の構成された社会に到達することなのだ」と続ける。

それはマルクスの語る「全（体）的人間」とどう違うのか。（ファノンもまた「全（体）的人間」について語り、そのイメージを提出していたが、それとどう違うのか）。レヴィの挑発的な皮肉（マルクスにおいては「人間以下の存在は、総体的かつ全体的な新しい人間を建設するための原料とみなされた」）に対して、サルトルはこう答えている。

「人間以下の存在のなかに、まさしく人間的な側面があるんだよ。人間のほうに、あのさまざまな原理が。目的を獲ち取るため、人間を物質や手段であるかのように利用することを、おのずと禁止しているさまざまな原理が。われわれが倫理の問題に取り組んでいるのは、その点においてなのだ」

「人間」はまだ定義されていないとして、定義を未来に先送りしながら、「人間的」という形容詞が乱発されていることに私は違和感を覚えるが、確かなことは「人間と人間の関係」「共に生きることを求め」「共同社会」といった言葉が示すところにある。つまり、サルトルの考えるヒューマニズム、あるいは「人間」が、われわれ相互の関係性の上に成り立っているということ、そして、それが「倫理」と結びついているということだ。

そこで対談の流れとしては、こうした倫理観はどのような他者認識の上に立つのか、立つべきなのかという議論に移行する。そして、ここには確かに、意識の出現じたいのなかに倫理の成立を見ようとする新たなサルトルがいると思われるが、これが十分に展開されていないことは認めざるをえないだろう。

友愛と民主主義の問い直し

サルトル思想の変遷ということを少し離れて、三十七年前になされたこの対談は、今日どのようなアクチュアリティーを持ちうるのか、いま私たちの思考をどのように刺激してくれるのか。ここでそれを考えてみる。

まず「友愛」という言葉をどう受け止めるか。原語はすでに記したように fraternité であり、自由、平等と並んでフランス革命の標語の一つ、文字通り訳せば「兄弟愛」である（「姉妹」が抜けているではないか、というフェミニストの側から、この言葉に対する批判がなされていることも付け加えておこう）。これは「同胞愛」とも訳せるし、ある時期には「博愛」と訳されていた。そして四つの訳語、兄弟愛―友愛―同胞愛―博愛とならべてみればわかるように、訳語によって意味の幅がしだいに広がって行く。

サルトルが『弁証法的理性批判』のなかで、誓約集団における実践活動と共に生まれて来る一体感について fraternité を語ったとき、この訳語としては「友愛」がふさわしかった。しかし今回のこのテキストの中では（　）をつけて補ったように、あるときは「兄弟愛」という原義に戻り、あるときは「同胞愛」、「博愛」がふさわしいように、意味を拡げて行く。

しかし、二〇一七年のこの国でこの言葉を受け止めるには、訳語を離れて、私たちの言葉で考える必要があるかもしれない。例えば、この国の「左翼」、ないしは「革新」、ないしは「リベラル」、ないしは「市民運動」は、何を原理とするのか（本当を言えば「左翼」という言葉がマスコミ用語からいつしか消され、無知な政治家による罵り言葉としてしか使われなくなってしまったこと、「左派」や「リベラル」などというさんくさい別の語になってしまったことに私は大きな憤りをもっている。この私の翻訳にしても、フランス革命時の議席の位置に源をもつGAUCHEを、「左派」などとはとても訳せない。「左派の原理」は、歴史的にみても日本語として滑稽だ）。

例えば、反戦、非戦、これはたしかに「左翼」の、「市民運動」の原理となりうるかもしれない。しかしなぜいまそれを原理とするのか。その根拠は何なのか。それを考えようとすると、もういちど、人と人との関係を指し示す言葉に戻ってこざるをえないだろう。例をあげるならば、共感、共生、結い、絆、連帯、さらに意味のあいまいな平和主義などではなく戦争放棄の原理（憲法を開いてみよう。第二章は「戦争放棄」

と題されていて、ここには第九条だけが記されている）。そのどれもが「友愛」に似ているが、大事なことは言葉がなんであれ、その原理を具現する運動が身近なところから生まれて来ることだろう。

次に、サルトルの民主主義についての次の発言を、どう受け止めるか。

「民主主義というのは、わたしとしては——あなたとしても同様だと思うが——権力の政治的一形態、ないしは権力の生み出し方の政治的一形態というだけではなく、生そのものであり、生の一形態であるように思われるからだ。民主主義的に生きること、他のいかなるものでもなく、こうした生の形態こそ、わたしたちから見て、現在、人々の生き方となるべきだと思うね」

いま私はVIEという言葉を仮に「生」と訳したが、同時にこれは「生命」であり「生活」であり「暮らし」であり「人生」であり、「生きること」である。いずれにしても、「民主主義」を政治の用語に閉じ込めずに、「人々の生き方」として、さらには人々相互の関係のなかで考えようとする発想がここにある。

サルトルはここで、何を言おうとしていたのか。彼の発言は、このあと民主主義の政治形態の方にむかっていき、VIEの方、すなわち「民主主義的に生きること」に戻ってきてはいない。したがって、この空隙は、私たちが埋めていかなくてはならない。私はこんなふうに考える。

いま、この国では政治家の劣化が語られている。一つ一つの例はあげないが、事実、劣化した政治家が、国会にはごまんといる。そしてこうした政治家たちがなす愚にもつかぬ討論、始めから野党の主張は無視され結論のきまっている討論によって、議会制民主主義は支えられ、そのために巨額な日当が支払われている。こういったことを知ると、これが民主主義の国なのか、という想いを抱く人も少なくないだろう。しかし、これが私たちの民主主義なのだ。劣化した政治家によって演じられている猿芝居であるにしても、彼らを国会に送りだしたのは私たちなのだ。

では、その私たち自身は劣化していないのか。家庭で、学校で、職場で、地域で、サークルで、人間関係において、私たちは民主主義的と言える空気を作り出しているのだろうか。民主主義的と言える言葉を発しているだろうか。サルトルの発言は、どうやら自分自身に返って来るはずだ。

二〇一六年五月、私は、所用があってフランスに滞在した。この国の政治のニュースの多くは、次の年におこなわれる大統領選挙に割かれていた。政権の座にある社会党から誰が候補者として選ばれるか、保守からは誰が出てくるか。いずれにせよ、社会党の候補は現職のオランドを含めて決戦投票に残れず、決戦は保守の候補と、極右のマリー・ルペンとで争われるという見通しだった。

しかし、別の大きなニュースもあった。Nuit Debout「夜　立ち上がれ」とでも訳しうる、若者中心の異議申し立ての運動である。彼らは三月三十一日以来、すでに六十日近く、パリの由緒あるレピュブリック広場（共和国《レピュブリック》のシンボルであるマリアンヌの像が高く立っている）にテントを持ち込み、昼夜を問わず、座り込みの集会を続けていた（インターネットで画像をごらんいただきたい）。

発端となったのは、社会党政権が出して来た労働法の改正である。改正の内容をかんたんに列挙すれば、労働時間の（現在週三十五時間）延長が可能になり、解雇が簡易化され（賠償金に上限を設ける）、転勤や部署移動を拒否する権利が制限されるなど、雇用者側の意向に沿った条項が多く、二月に法案が提示されて以来、多くの労働組合が反発した（一部は賛成）。

政権の意図としては、これによって雇用を容易にし、失業を減らそうという狙いなのだが、働く人間の権利を伝統的に強く守って来たフランスの労働法の規制緩和であることは明らかで、フランス人のほぼ七〇%が反対していた。政府は、議会での修正動議を受け入れ、少しずつもとに戻しつつあったが、法案そのものは引っ込めようとせず、しかも議会で否定される可能性を見こして審議を打ち切り、憲法条項を使って、議会での承認なしにこの法案を成立させようとしていた。法案に反対する七つの労働組合は、三月以来、街頭デモや一日だけのゼネストを何回か繰り返し、五月末には、緊張が日々高まっていた。

「夜　立ち上がれ」の運動も、そもそもはこの労働法改正法案（コムリ法案）への反対から始まった。三月三十一日のデモのあと、参加者の一部がレピュブリック広場をいわば占拠し、ここに昼夜交代で居座ることから始まったのである。もちろん、ただ座り込んでいるだけではない。日により時間により人数は違うが、二十人、三十人、あるときは五十人ぐらいのグループが、いくつも輪になって話し合っているのだ。そして、そのまわりを、私のような野次馬的聴衆が取り巻いていた。こうした「夜　立ち上がれ」の運動は、パリだけでなく、フランス全土で六十の都市に広がっていたという。

そこで何を話しあっているのか。残念なことに私はいまや難聴で、すぐ近くにいても何も聴き取れない。「夜　立ち上がれ」のホームページによれば、いくつかの委員会がそれぞれのテーマを立て、それぞれ集合時間をきめていたようだ。

例えば五月二十七日には午後の二時から「民衆教育」についての集会があり、五時か五時半からは「反専門性委員会」「消費委員会」「エコロジー委員会」「フランス－アフリカ委員会」「コミュニケーション委員会」などが参加を呼びかけていた。なかには、第六共和国に向けて（現在は第五共和国）、憲法の書き換えをしているグループ、抽選デモクラシーを考案しようというグループ、グローバル資本主義をグローバルに破壊する戦略を練るグループなどもあった。つまり、コムリ法案への反対から集まった人々が、それにとどまらず、自分たちの生活全体を、そしてこの国のシステムそのものを見直す作業に、集団的に取り組んでいた。私はそう解釈する。

何を話しあうのかと同じように大事なのは、いかなる形でどのように話しあうのか、何かを決めるときどのように決めるのか、ということである。新聞雑誌の解説を読むと、この運動の特徴は、第一に、ピラミッド型の構造を廃し、水平的組織ということを主張している点にある。リーダーシップというものを認めない、したがって、どのグループにも指導者がいない。話しあいを進行させる司会者がいるだけである。第二に、全員同じように発言の権利をもっており、みな肩書きなしに発言する。議論の場においては、知の専門家が非専門家を、多くを知っている者があまり知らない者を抑圧する傾向が、往々にしてみられるが、これを少しでもやわらげようという配慮であろう。

では、何か決定するときは、どうやってなされるのか。これが最大の問題で、全員一致が得られるまで話しあおうとする。多数決で決めることに反対する声が多い。議会制民主主義が、多数決の横暴をあまりにもしばしば見せつけているからだ。こうした事情で、巨大な数の言葉が吐き出され、厖大な時間が費やされても何一つ決まらない、ということもあるようだ。ただ、この運動の本当の狙いは——なんらかの主体がいたとして——何かを具体的に決定することでなく、討論共同体を形成すること、集団的知性を磨き上げること、それぞれの「個」を消すことなく〈われわれ〉を創り出すこと、にあるのかもしれない。また、ある解説は「夜　立ち上がれ」の運動を「権力、平等、民主主義、そして己自身を問う場」と位置づけ、別の解説は運動の参加者たちを、「アンチシステムの世代」と呼んでいた。

それでは、この運動はその後どうなったか。当時この運動は、コムリ法案への反対という点で労働組合の運動と連動していた。しかし、政府が法案を引っ込めるか労働組合側が屈伏するか、両者がどこかで手を打つか、いずれにせよ何らかの形で決着するだろう。しかし、何一つ政治的目標をかかげていないこの運動には終着点がない。左翼知識人がこの運動にたいして寡黙な理由の一つもそこにあった。座り込みと言葉の洪水で満足しているのではないかと。

何も要求せぬのは無責任、という声もあった。これは、「夜　立ち上がれ」運動に参加してくる人々の階層にも関係していたかもしれない。彼らの多くは公務員、教員、研究者、事務員、いわゆる都会のプチブル層であった。辛辣な批判によれば、何も要求するものがない階層である。農民、労働者、移民など、個別的な要求を持っている階層は、たしかに、ここには参加していなかった模様だ。

しかし、こういう評価もあった（『ル・ヌーヴェル・オプセルヴァアトゥール』二〇一六年五月一二日号）。「立ち上がれ」とは何か。なによりもそれは「這いつくばり――卑屈人間」たちからなる社会の叫びなのだ、と。働く者は、だれでも失業を怖れ、配置転換を怖れ、雇用主にたいして上役にたいして、這いつくばっている。管理職も例外ではない。いや大統領（オランド）にしても銀行家の経済産業大臣（マクロン）に、経済産業大臣は経団連（MEDEF）に、経団連はアメリカの競争相手の前に這いつくばり、と言った具合に、上から下まで卑屈になっている。こういう卑屈への欲望、這いつくばりによって結ばれている以外の連帯はないのか、という問いかけ、ここに「立ち上がれ」の意味を求めていた。

ながながと「夜　立ち上がれ」の紹介をしてきたが、それはほかでもない、二〇一五年からのこの国での若者たちの運動、SEALDsの運動との照応が感じられるからである。もちろん、違いは大きい。レピュブリック広場での集会に参加しているのは、必ずしも若者だけではなく、三十代、四十代の男女の姿も多く見られる。またSEALDsに参加する若者たちの生み出す言葉は、「洪水」になって氾濫しているとは言い難い。しかし、重要なことはどちらの場合も、それが「民主主義」の再生、ないしは取り戻しの運動であることを自覚していることだ。『民主主義ってなんだ』（高橋源一郎×SEALDs）のなかで見つけた、いくつかの言葉を引いておく。

「フライヤーのキャッチフレーズ、コールフレーズは、日常でつかっている言葉の中から使うことでもう一回民主主義を取り戻す感覚が僕らにはある」

「複数形を主語にすることは基本的にしない」

「色んな人がいる社会の中でどうやって生きていくか、個人として引き受けたり、考えたり、発言したりし続けること」。

先のサルトルの、「民主主義的に生きること」と通じ合わないだろうか。いや、もしサルトルが生きていたら、「夜　立ち上がれ」の運動にもSEALDsの運動にも、間違いなく全面的に共感を示したと私は確信している。

周知のとおり二〇一七年五月に行われた選挙で、マクロンは「左でもなく右でもなく」の新党を作り大統領に選ばれた。もっとも強力なライバルのベールが妻の雇用詐欺が明るみに出て失墜したという幸運にも恵まれたのだが、アメリカのトランプ同様、巨万の富を持つ実業家が大統領に選ばれるというのは一体どういうことなのか。

二〇一七年九月十二日のルモンド紙によれば、政府の提出している労働法の改正に反対する者をマクロンは「怠け者」と誹謗し、批判をあびても取り消そうとしなかった。その傲慢な姿勢は市場の勝者のそれであり、前例をみないもの、安倍晋三の傲慢さがせいぜい田舎代官のそれに見えるほどのものである。正しいのは利潤と効率の競争に勝った者であり、そこからはみ出した者、落ちこぼれた者は「怠け者」のレッテルを貼られる。これが市場原理社会であり、マクロンはこういう社会の勝者として君臨しているのである。そこでは人間は単なる労働力とみなされ、大学はその労働力の生産工場と化し、教育の成果はいかに役に立つ労働力を作り出すかという数字に還元される（日本において文科系の大学は廃止するという議論はその一つの表れである）。それが貧富の凄まじい格差を作り出していくのは言うまでもないことだ。

こういうマクロンについて、「資本のふくらませ人形」（ミシェル・オンフレ）、「アメリカのお飾り」（レジス・ドブレ）、「マーストリヒト条約の奴隷」（エマニュエル・トッド）「新自由主義の具現」（アラン・バディウ）といった辛辣な批判が知識人の側から出されているが、それは理由のないことではない。金と権力がこれほど露骨な形を取るのは稀なことなのだ。じっさい彼の選んだフィリップ内閣には労働大臣、文化大臣、運輸大臣など何人もの会社社長が閣僚として入り込んでいる。マクロンを押し上げたのは一種のポピュリズムなのだが、ポピュリズムはアメリカでもイギリスでも顕著にみられるように、経済界、官界のエリート支配と対をなしているのだ。したがって、ここでもまた民主主義が問われることになる。

二十一世紀とその希望

サルトルが世を去って三十七年、世紀は新しいページをめくってから十七年になる。その間に世界はある意味で大きく変わった。

一九八九年ベルリンの壁が崩れ、東西の冷戦構造が消滅した。二年後にはソヴィエト連邦も解体し、アメリカが唯一の超大国となった。この時期、「歴史の終焉」などと少なからぬ知識人が浮かれていた時代に、フランスの哲学者レジス・ドブレはこう言っていた。われわれを待ち受けているのは「厳しい時代」であり、二十一世紀は「民族と宗教の時代」となるであろう、と。

ほどなくこのカッサンドラ的予言が的中する。まずは九十年代、コソボにおけるセルビア人対アルバニア人の紛争だ（これには北大西洋軍も空爆と言う形で介入した）。そしてボスニア・ヘルツェゴビナにおけるボシュニャク人、クロアチア人、セルビア人の三つどもえの紛争だ。ついで二〇〇一年の九・一一の同時多発テロ事件とその後になされた数々の戦争（アフガニスタン、イエーメン、イラク、リビア、ウクライナ、ガザその他)、いずれも民族と宗教がからんでいる。

二〇一三年から始まったシリアでの戦争は今も完全には終わっていない。この戦争ですでに五十万人の死者を数えたとのこと、そしてシリアの人口二千二百万人の約半数が国の内外に移住を余儀なくされているとのことである。(ルモンド紙、二〇一七年九月二日)

他方、有志連合の空爆は西欧諸国内部でのテロによる反撃、報復を生み出した。二〇一五年一月のパリでのシャルリー・エブド襲撃(死者十二名)、十一月のパリでの同時多発テロ(死者百三十名)、十二月のアメリカでの銃乱射事件(死者十四名)、二〇一六年三月ブリュッセル国際空港での爆破事件(死者三十二名)、七月フランスのニースでのトラック突入事件(死者八十六名)、十二月ベルリンでの銃撃事件(死者十二名)、二〇一七年三月ロンドンのウェストミンスター橋での車の暴走(死者五名)。その他デンマークでもスウェーデンでも犠牲者が出ている。そして「こちら側」の犠牲者については、その数も名前も特定されている。

しかし三年間にわたって行われて来た有志連合の空爆によって、あるいはロシアの空爆によって、「あちら側」の民間人や子供にどれだけの犠牲者が出たか、それがどういう人々であったかを数えて知らせてくれるマスコミは「こちら側」には存在しない。断続的に記事が出るだけだ。

死者だけではない。テレビの画像で何度も見せつけられたように、毎年百万を超える難民が中東から、アフリカから逃れてヨーロッパの門戸をたたいている。原因は一にも二にも戦争である。湾岸戦争、イラク戦争、リビアでの戦争、シリアでの戦争は、いずれも米英仏露に責任のある戦争である。対立の構図こそ変わったが世界の各地では相変わらず人間が人間を殺している。殺し続ける姿勢をどの国家も崩していない。崩すどころか強めている国家もある。

二〇世紀は歴史の中のどんな世紀にもまして人間が人間を殺した世紀だが、二十一世紀はさらにさらに人殺しが増えるかもしれない。テクノロジーの発展が人間生活に解放を、幸福をもたらしたという面は確実にあるが、しかしそれだけではない。軍事技術、つまりは人殺し装置の巨大化を促したのである。

この本の冒頭に引用したサルトルの言葉をもう一度読み直したい。人類の生命を存続せしめる決意、いまそれを私たちは持っているだろうか。単に原水爆だけではない。原子力発電、地球温暖化、資源収奪競争、いずれも人類の生命を存続せしめる決意を必要としているのではないか。

最後に、「希望」についてひと言記しておきたい。サルトルがこの対談で「希望」について語っているのは、二箇所である。四ページのところでは、希望の定義をしたあと、「(人間とその目的との)関係であるかぎりの希望、これこそわたしの思想のなかでもっとも現在的なものだ」と語る。そして最後のページでは、絶望的に見える世界のなかで、自分はまだ希望を抱いているとして、そのことをくわしく説明する姿勢を見せている。しかし、対談はそこで打ち切られ、これが最後の言葉となった。

こういうサルトルを、楽観主義者(オプチミスト)と言うこともできるし、いやそうではなく、グラムシ(イタリアの思想家、政治家)について言われるように「認識の悲観主義(ペシミズム)、意志の楽観主義」と考えることもできる。また、サルトルの文学世界においては、絶望のなかからひと筋の希望を見つけ出していくというテーマが多く見られることも事実で(『嘔吐』『バリオナ』『自由への道』『聖ジュネ』)、そこに実存主義的発想を垣間見ることもできる。

今ここでは、私たちにとっての希望とは何か、を考えてみる。実を言えば、八十歳をこえた私には、上に述べたひどい世界の状況の中で、またここでは触れなかったがますます加速する日本の軍事社会化の中で、見まい、聞くまい、知るまいの「三まい主義」のニヒリズムに逃げ込みたい誘惑がたえず訪れて来る。希望を語ること自体が重荷となっている。

しかしそれでもサルトルもまた最晩年に希望を語りながら死んで逝ったということに突き動かされて、それでも希望を見出すとすれば、先に語ったSEALDsだけでなく、あの三月十一日以後に立ち上がった人びとのなかにこそ希望を見出したい。ただちに被災地の救援のネットワークを組織した人びとのなかに、またこれに応じて現地に駆けつけた人びとのなかに。また脱原発の運動に直接、間接に立ち上がった人びと、いわゆる素人の反乱のなかに。そして、重い声をあげ始めた言論人のなかに。

例えば「東北関東大震災・共同支援ネットワーク」がそうだ。この組織を通して、介護や看護の専門職のボランティアが、次の年の二月の末段階で、延べ一万四千人以上、現地で活動してきたとのことだ。また、三月十一日にたまたま一緒にいた四人の学生が立ち上げた「Youth for 3.11」は、ツイッターで呼びかけたところ、学生がどっと集まり、つぎつぎに支援活動に参加していったとのことだ（毎日新聞二〇一二年三月十二日)。

こうした運動では、男女の、老年、中年、青年の世代を超えた連帯が見られることが心強い。それ以前の反戦運動や憲法擁護運動は、老年のたまり場のようになっていた。こうした世代間の連帯は、久しくみられなかったことである。またここでは、かつての市民運動とボランティア活動との合流があると見るのは、希望の持ち過ぎだろうか。

かつての市民運動は、私もそうだが、ほとんど「怒り」のみを原動力としてきた。それは正当であり、そのことを否定するつもりはない。ただ、「同情」や「共感」を原動力としている(と思われる)ボランティア活動とは一線をひき、ボランティアの運動に「怒り」がないことに歯がみをしていた。

しかし、本当はどちらも必要なのではないか。「怒り」だけでなく、「友愛」とまではいかなくても、「同情」や「共感」も必要なのではないか、そんなふうに、いま私は考えて、「希望」を持っている。

ジャン゠ポール・サルトル年譜

一九〇五年

六月二一日、フランスのパリ一六区で生まれる。父ジャン゠バティスト・サルトルは理工科学校の出身の海軍士官だった。生後一五ヶ月で、父親が黄熱病に倒れて逝去したため、母方の祖父であるアルザス出身のシャルル・シュヴァイツァー（一八四四～一九三五）の家に母と共に引き取られる。シャルルはドイツ語の教授、深い教養を備えていたので、サルトルの知的探究心は大いに刺激された。このようにサルトルが育ったのは、パリのブルジョワ知識人階級の中である。

また、三歳のとき右目を失明し、左目だけで生活を送ることになった。

一九一五年　一〇歳

パリの名門校であるアンリ四世高等中学校に入学。この学校でのちに作家となるポール・ニザン（一九〇五～一九四〇）と知り合う。

一九一七年　一二歳

母親の再婚にともない、ラ・ロシェルの高等中学校に転校。転校先ではうまく溶け込むことができず、後に挫折の年月と述懐している。この時期のエピソードとしては、母親の金を盗んだことで祖父から叱られたことや、美少女を口説こうとして失敗し、自身の醜さを自覚したことなどが知られる。

一九二〇年　一五歳
再びアンリ四世高等中学校に転校してニザンと再会。

一九二二年　一七歳
アンリ四世校から、やはり同じく名門校であるルイ＝ル＝グラン高等中学校の高等師範学校準備学級に転籍。

一九二三年　一八歳
準備学級に在学中に友人たちと刊行した同人雑誌「題名のない雑誌」に短編小説『病める者の天使』を発表する。

一九二四年　一九歳
高等師範学校（École Normale Supérieure）に入学。のちにモーリス・メルロー＝ポンティと知り合う。

一九二七年　二二歳
ニザンとともにヤスパースの『精神病理学総論』仏訳の校正を行う。

一九二八年　二三歳
アグレガシオン（教授資格、哲学）試験に落第。サルトルの落第は、彼を知るものを驚かせた。

一九二九年　二四歳
アグレガシオン試験を首席で合格。ニザンも同じく合格した（哲学）。このころ、同試験の次席（哲学）であり、生涯の伴侶となるシモーヌ・ド・ボーヴォワールと知り合い、二年間の契約結婚を結ぶ。この結婚は、結婚関係を維持しつつお互いの自由恋愛を認めるなど前衛的なものであった。幾度かの波乱はあったものの、サルトルが逝去するまでの五〇年間にわたりこの関係は維持された。この年兵役につく。

一九三一年　二六歳

ル・アーヴルの高等中学校の哲学科の教師となる。哲学コント『真理の伝説』を執筆するが、出版は拒否された。

一九三三～一九三四年　二八～二九歳

レイモン・アロンとの会話によりエドムント・フッサールの現象学に興味を持ち、ベルリンに留学し、現象学を学ぶ。エマニュエル・レヴィナスの博士論文「フッサール現象学の直観理論」を読む。

一九三五年　三〇歳

想像力についての実験のため、友人の医師・ラガッシュによってメスカリン注射を受ける。サルトルはこの際に全身をカニやタコが這いまわる幻覚に襲われ、以降も幻覚をともなう鬱症状に半年以上悩まされることになる。甲殻類に対する恐怖は生涯続いた。

一九三六～一九三九年　三一～三四歳

ル・アーヴルやパリで教鞭を執るかたわら、哲学・文学両面にわたる執筆活動を行う。

一九三八年　三三歳

小説『嘔吐』を出版。作家として注目される。

一九三九年　三四歳

九月、第二次世界大戦のために兵役召集されアルザス地方に駐屯するが、ドイツ、フランス両軍は対峙したまま戦闘にいたらなかった。この間に厖大な量の日記を書き、死後に『奇妙な戦争―戦中日記』として出版される。

一九四一年　三六歳

前年六月にフランスが降伏、捕虜となる。捕虜収容所で八ヶ月すごしたのち、偽の身体障害証明書によって釈放される。

一九四三年　三八歳

主著『存在と無』を出版。副題に「現象学的存在論の試み」と打たれている。

一九四五年　四〇歳

戦争体験を通じて次第に政治的関心を強めていったサルトルは、ボーヴォワールやメルロー＝ポンティらと雑誌「レ・タン・モデルヌ」を発行。「創刊の辞」ではアンガジュマン（政治参加、現実参加）宣言をおこない、以後、著作活動の多くはこの雑誌を中心に発表されることになる。評論や小説、劇作を通じて、戦後、サルトルの実存主義は世界中を席巻することになり、特にフランスにおいては絶大な影響力を持った。

五〇年代からは徐々にマルクス主義に傾倒して、旧ソ連を擁護する姿勢を打ち出す。これがアルベール・カミュやメルロー＝ポンティとの決別の原因のひとつとなった。

一九五二年　四七歳
八月、カミュが「レ・タン・モデルヌ」に掲載された『反抗的人間』に対するフランシス・ジャンソンの批判に怒り、サルトルへ抗議したのに対して、「アルベール・カミュに答える」を書く（いわゆる「カミュ＝サルトル論争」）。この論争によって二人は完全に決裂した。
『聖ジュネ』刊行。
アルジェリア独立戦争。サルトルはフランスからの独立を目指す民族解放戦線（FLN）を支持する。

一九六〇年　五五歳
キューバを訪問し、ボーヴォワールとともにカストロやチェ・ゲバラと会談。サルトルはボリビアでの革命運動で死亡したこのアルゼンチン出身の革命思想家に支持を寄せた。
『弁証法的理性批判』刊行。

一九六二年　五七歳
アルジェリア独立。キューバ危機。
クロード・レヴィ＝ストロース『野生の思考』。
構造主義が台頭しはじめると、次第にサルトルの実存主義は「主体偏重の思想である」として批判の対象になる。とりわけレヴィ＝ストロースが、『野生の思考』の最終章「歴史と弁証法」

において行ったサルトル批判は痛烈だあった。しかしながら、当時の「構造主義ブーム」の中でレヴィ＝ストロースによるサルトル批判の妥当性が充分に検証されたとは言いがたい。サルトルはこの批判を一蹴し、後に竹内芳郎は『マルクス主義の運命』（解題）の中で「レヴィ＝ストロースは『弁証法的理性批判』について何一つ理解しておらず、サルトルへの批判は的外れだった」という趣旨の見解を述べている。

一九六四年　**五九歳**

ノーベル文学賞に選出されたが、「いかなる人間でも生きながら神格化されるには値しない」、「ノーベル賞委員会の評価を認めることは不可能であり、文学的優位性を置いて評価をつけることは、ブルジョア社会の習性」と主張して受賞を拒否。このときは、候補に挙がっていたことを知ってあらかじめ辞退の書簡をノーベル賞委員会に送付していたが、書簡の到着が遅れたためノーベル賞受賞決定後に拒否することとなった。

一九六六年　**六一歳**

九月、ボーヴォワールとともに来日。約一か月間滞在する。東京、京都で三回にわたり講演を行う（「知識人の擁護」『シチュアシオンⅧ』所収）。

一九七三年　**六八歳**

二月三日、ベニ・レヴィ、セルジュ・

ジュリとともに新左翼日刊紙「リベラシオン」を創刊。のちにこのリベラシオン紙はごく普通の主要日刊紙の一つとなった。

このころ激しい発作に襲われ、さまざまな活動を制限することになる。また、斜視であった右目は三歳から失明していたが、残る左目からの眼底出血により、この時期に両目とも失明する。ただし、光、ものの形、色までは視《み》えると一九七五年にインタビューで語る（『シチュアシオンX』所収「七〇歳の自画像」）。失明によりギュスターヴ・フローベールの評伝（『家の馬鹿息子』）の完成の不可能を悟る。ボーヴォワールとの対話の録音を開始する（のち、『別れの儀式』に所収）。自力による執筆が不可能となったサルトルは「共同作業」によっていくつかの著作を完成させようとするが、いずれの試みも失敗に終わっている。特にユダヤ人哲学者・ベニ・レヴィと取り組んだ、ユダヤ教思想に影響を受けた倫理学についての著作には意気込みを示し、その一部がここに収められた『いまこそ、希望を』である。この時期に作家フランソワーズ・サガンとの交流があったことが、サガンの『私自身のための優しい回想』に記されている。

一九八〇年　**享年七五**

肺水腫により七四年の生涯を閉じる。その死をおよそ五万人が弔った（その群集の中にはベルナール＝アンリ・レヴィやミシェル・フーコーもいた)。遺体はパリのモンパルナス墓地に埋葬されている。サルトルの死後、主にボーヴォワールおよび養女であるアルレット・エルカイム(三四歳年下で一九五六年以降の愛人、一九六五年に養女、遺言執行人)らの編集により多数の著作が出版された。

訳者あとがき

蛇足になるが次のことをもう一度記しておきたい。

この対談の目的は大きく言えば二つあった。一つは〈他者との関係の倫理〉を探ること、もう一つは〈左翼の原理〉を発見することである。第一は哲学的目的、第二は政治的目的と言えようか。そしてサルトルの中でこの二つは「友愛」という言葉によって緊密に結びついており、「友愛」は両者の最も重要な議論のテーマとなっている。

そして最後にサルトルは「希望」を語った。冒頭で触れた「希望」に、「友愛」と関係なくはない「希望」にもう一度立ち返ったのである。「醜く、不正で、希望がないように見える」世界において「希望」を根拠づけねばならぬ、と。そしてそれが最期の言葉となった。9・11に始まるこの殺戮の世紀、3・11に露呈された文明の瀕死状態、その中にいる現代人に託された〝遺言〟として、いまあらたにこのテキストを受け止めたい。

この翻訳の新たな出版については一九八〇年代の「サルトル研究会」以来の長年の友人である川端博氏にお世話になった。原稿の整理のみではなく、翻訳上の問題について貴重な指摘をしてくださり、また訳注と年譜の作成に全面的に協力していただいた。最後に心からお礼の言葉を。

二〇一九年一月

kobunsha classics
光文社古典新訳文庫

いまこそ、希望《きぼう》を

著者　サルトル×レヴィ
訳者　海老坂《えびさかたけし》武

2019年2月20日　初版第1刷発行
2024年2月25日　第2刷発行

発行者　三宅貴久
印刷　大日本印刷
製本　大日本印刷

発行所　株式会社光文社
〒112-8011東京都文京区音羽1-16-6
電話　03（5395）8162（編集部）
03（5395）8116（書籍販売部）
03（5395）8125（業務部）
www.kobunsha.com

ISBN978-4-334-75395-5 Printed in Japan

いま、息をしている言葉で、もういちど古典を

長い年月をかけて世界中で読み継がれてきたのが古典です。奥の深い味わいある作品ばかりがそろっており、この「古典の森」に分け入ることは人生のもっとも大きな喜びであることに異論のある人はいないはずです。しかしながら、こんなに豊饒で魅力に満ちた古典を、なぜわたしたちはこれほどまで疎んじてきたのでしょうか。

ひとつには古臭い教養主義からの逃走だったのかもしれません。真面目に文学や思想を論じることは、ある種の権威化であるという思いから、その呪縛から逃れるために、教養そのものを否定しすぎてしまったのではないでしょうか。

いま、時代は大きな転換期を迎えています。まれに見るスピードで歴史が動いていくのを多くの人々が実感していると思います。

こんな時わたしたちを支え、導いてくれるものが古典なのです。「いま、息をしている言葉で」——光文社の古典新訳文庫は、さまよえる現代人の心の奥底まで届くような言葉で、古典を現代に蘇らせることを意図して創刊されました。気取らず、自由に、心の赴くままに、気軽に手に取って楽しめる古典作品を、新訳という光のもとに読者に届けていくこと。それがこの文庫の使命だとわたしたちは考えています。

このシリーズについてのご意見、ご感想、ご要望をハガキ、手紙、メール等で翻訳編集部までお寄せください。今後の企画の参考にさせていただきます。
メール　info@kotensinyaku.jp

光文社古典新訳文庫　好評既刊

光文社古典新訳文庫　好評既刊

永遠平和のために／啓蒙とは何か　他3編

カント　中山 元 訳

「啓蒙とは何か」で説くのは、その困難と重要性。「永遠平和のために」では、常備軍の廃止と国家の連合を説いている。他三編をふくめ、現実的な問題を貫く論文集。

社会契約論／ジュネーヴ草稿

ルソー　中山 元 訳

「ぼくたちは、選挙のあいだだけ自由になり、そのあとは奴隷のような国民なのだろうか」。世界史を動かした歴史的著作の画期的新訳。本邦初訳の「ジュネーヴ草稿」を収録。

人間不平等起源論

ルソー　中山 元 訳

人間はどのようにして自由と平等を失ったのか？　国民がほんとうの意味で自由で平等であるとはどういうことなのか？　格差社会に生きる現代人に贈るルソーの代表作。

寛容論

ヴォルテール　斉藤 悦則 訳

狂信と差別意識の絡む冤罪事件にたいし、ヴォルテールは被告の名誉回復のため奔走する。理性への信頼から寛容であることの意義、美徳を説いた最も現代的な歴史的名著。

カンディード

ヴォルテール　斉藤 悦則 訳

楽園のような故郷を追放された若者カンディード。恩師の「すべては最善である」の教えを胸に度重なる災難に立ち向かう……。「リスボン大震災に寄せる詩」を本邦初の完全訳で収録！

光文社古典新訳文庫　好評既刊

善悪の彼岸
ニーチェ
中山 元 訳

西洋の近代哲学の限界を示し、新しい哲学の営みの道を拓こうとした、ニーチェ渾身の書。アフォリズムで書かれたその思想を、肉声が音楽のように響いてくる画期的新訳で！

道徳の系譜学
ニーチェ
中山 元 訳

『善悪の彼岸』の結論を引き継ぎながら、新しい道徳と新しい価値の可能性を探る本書によって、ニーチェの思想は現代と共鳴する。ニーチェがはじめて理解できる決定訳！

ツァラトゥストラ（上・下）
ニーチェ
丘沢 静也 訳

「人類への最大の贈り物」「ドイツ語で書かれた最も深い作品」とニーチェが自負する永遠の問題作。これまでのイメージをまったく覆す、軽やかでカジュアルな衝撃の新訳。

この人を見よ
ニーチェ
丘沢 静也 訳

精神が壊れる直前に、超人、ツァラトゥストラ、偶像、価値の価値転換など、自らの哲学の歩みを、晴れやかに痛快に語ったニーチェ自身による最高のニーチェ公式ガイドブック。

ニコマコス倫理学（上・下）
アリストテレス
渡辺 邦夫
立花 幸司 訳

知恵、勇気、節制、正義とは何か？　意志の弱さ、愛と友人、そして快楽。もっとも古くて、もっとも現代的な究極の幸福論、究極の倫理学講義をアリストテレスの肉声が聞こえる新訳で！

光文社古典新訳文庫　好評既刊

政治学（上・下）

アリストテレス
三浦 洋 訳

「人間は国家を形成する動物である」。この有名な定義で知られるアリストテレスの主著の一つ。後世に大きな影響を与えた、プラトン『国家』に並ぶ政治哲学の最重要古典。

詩学

アリストテレス
三浦 洋 訳

古代ギリシャ悲劇を分析し、「ストーリーの創作」として詩作について論じた西洋における芸術論の古典中の古典。二千年を超える今も多くの人々に刺激を与え続ける偉大な書物。

神学・政治論（上・下）

スピノザ
吉田量彦 訳

宗教と国家、個人の自由について根源的に考察したスピノザの思想こそ、今読むべき価値がある。破門と焚書で封じられた哲学者スピノザの〝過激な〟政治哲学、70年ぶりの待望の新訳！

メノン——徳《アレテー》について

プラトン
渡辺邦夫 訳

二十歳の美青年メノンを老練なソクラテスが挑発する！　西洋哲学の豊かな内容をかたちづくる重要な問いを生んだプラトン対話篇の傑作。『プロタゴラス』につづく最高の入門書！

プロタゴラス——あるソフィストとの対話

プラトン
中澤 務 訳

若きソクラテスが、百戦錬磨の老獪なソフィスト、プロタゴラスに挑む。通常イメージされる老人のソクラテスはいない。躍動感あふれる新訳で甦る、ギリシャ哲学の真髄。

光文社古典新訳文庫　好評既刊

ソクラテスの弁明
プラトン
納富 信留 訳

ソクラテスの裁判とは何だったのか？　ソクラテスの生と死は何だったのか？　その真実を、プラトンは「哲学」として後世に伝え、一人ひとりに、自分のあり方、生き方を問うている。

饗宴
プラトン
中澤 務 訳

悲劇詩人アガトンの優勝を祝う飲み会に集まったソクラテスほか6人の才人たちが、即席でエロスを賛美する演説を披瀝しあう。プラトン哲学の神髄であるイデア論の思想が論じられる対話篇。

花のノートルダム
ジュネ
中条 省平 訳

都市の最底辺をさまよう犯罪者、同性愛者たちを神話的に描き、〈悪〉を〈聖なるもの〉に変えたジュネのデビュー作。超絶技巧の比喩を駆使した最高傑作が明解な訳文で甦る！

薔薇の奇跡
ジュネ
宇野 邦一 訳

監獄と少年院を舞台に、「薔薇」に譬えられる美しい囚人たちの暴力と肉体を赤裸々に描くことで聖性を発見する驚異の書。同性愛者であり泥棒でもあった作家ジュネの自伝的小説。

感情教育（上・下）
フローベール
太田 浩一 訳

二月革命前夜の19世紀パリ。人妻への一途な想いと高級娼婦との官能的恋愛の間で揺れる優柔不断な青年フレデリック。多感で夢見がちに生きる青年の姿を激動する時代と共に描いた傑作長篇。

kobunsha classics